敦煌壁画中的妇女生活

胡同庆 王义芝——著

DUNHUANG
BIHUA ZHONGDE
FUNV SHENGHUO

甘肃文化出版社

图书在版编目（CIP）数据

敦煌壁画中的妇女生活 / 胡同庆，王义芝著. -- 兰州 : 甘肃文化出版社，2022.1
（故事里的敦煌 / 胡同庆主编）
ISBN 978-7-5490-2288-5

Ⅰ. ①敦… Ⅱ. ①胡… ②王… Ⅲ. ①敦煌壁画—研究②妇女—社会生活—中国—古代—通俗读物 Ⅳ. ①K879.414②D691.968-49

中国版本图书馆CIP数据核字(2021)第174469号

敦煌壁画中的妇女生活
胡同庆　王义芝 | 著

项目策划 | 郧军涛　甄惠娟
责任编辑 | 甄惠娟
封面设计 | 马吉庆

出版发行 | 甘肃文化出版社
网　　址 | http://www.gswenhua.cn
投稿邮箱 | press@gswenhua.cn
地　　址 | 兰州市城关区曹家巷 1 号 | 730030（邮编）

营销中心 | 贾　莉　王　俊
电　　话 | 0931-2131306

印　　刷 | 山东新华印务有限公司
开　　本 | 880 毫米 ×1230 毫米　1/32
字　　数 | 100 千
印　　张 | 6.25
版　　次 | 2022 年 1 月第 1 版
印　　次 | 2022 年 1 月第 1 次
书　　号 | ISBN 978-7-5490-2288-5
定　　价 | 58.00 元

前　言

敦煌，大漠戈壁中的一片小小绿洲，像一颗璀璨的明珠镶嵌在长长的丝绸之路上。

大漠深处，充满深不可测的神秘性。昏暗的洞窟，一尊尊庄严、肃穆的佛、菩萨像，让人倍感宗教的神圣。

其实，不管宗教如何神圣，它都是由人创造的，它都必然要为人服务。敦煌艺术是一种佛教艺术，洞窟中的佛、菩萨像和四周的佛经故事画也都是人塑造和绘制的。

实际上，佛教以及佛教艺术，都是主张并宣传以人为本。所谓佛学，实际上是关于人的学问，是指导人们如何面对生活的学问；所谓佛教艺术，则是将佛教所推崇的某种生活观念、某种生活方式形象化而已，是为了让人容易理解、容易接受。

敦煌之所以享誉全世界，是因为在这些壁画、彩塑以及藏经洞出土文书中所蕴含的内容包罗万象，从不同角度反映了当时人们的精神面貌和社会生活。

俗话说："人分三六九等，木分花梨紫檀。"佛教作为一种宗教，不可避免地也将人分为不同层次。如从理想人格角度，有佛、菩萨、罗汉之分；从修行功德角度，有上上、上中、上下、中上、中中、中下、下上、下中、下下九品之分；从性别角度，有男性、女性之分。

由于受政治、文化等因素的影响，佛教也存在男尊女卑的思想，反映在敦煌艺术中，佛、菩萨、弟子等造像中，女性形象极少，一般只有观世音菩萨具有一定的女性特征。不过，在敦煌佛传故事画、本生故事画、因缘故事画、经变故事画、史迹故事画等壁画中，也描绘有一些女性形象及相关故事。

虽然在宣传佛教思想的敦煌壁画中，描绘的女性形象与男性形象相比相对较少，但与其他出土文物相比，则可以说是非常丰富多彩，从不同角度反映了当时各阶层妇女的精神、文化和生活状况。如：

从女娲和西王母的故事中，我们可以看到中国传统神话中女神的职能和容貌，随着人们的信仰也发生了变化。

从摩耶夫人回娘家生产、萨埵舍身饲虎、尸毗王割肉贸鸽等故事中，可以看到宫廷内的王后、王妃等人和普通女性一样也会受到民间风俗的制约，在面对亲人遇难时也同样悲痛欲绝。

九色鹿的故事不仅强烈抨击了忘恩负义、不守信用的卑鄙行为，同时对爱慕虚荣、贪婪自私的王后也给予了严厉的抨击和惩治。

从翅头末城儴佉王的王妃和宫女剃度、佛陀姨母摩诃波阇波提王妃出家、胜鬘夫人十大愿等故事来分析，可以对宫廷内女性的宗教信仰及其复杂的心理有所了解。

从寂寞凄凉的太子妃、被丈夫舍弃的妻子等故事中，可以更深刻地理解李清照诗词中的“冷冷清清，凄凄惨惨戚戚”“守着窗儿，独自怎生得黑”那种感觉。

从沙弥守戒中的少女、树下听弹筝的公主等故事中，会对“哪个少女不怀春”多一些同情和理解。

从美女变丑、丑公主变美、胜鬘夫人向佛问美丑等故事中，可以看到“爱美之心人皆有之”的现象。

从鹿母夫人的故事以及《观音经变》中的求男求女，可以看到古代女性的生育观以及女性在人类繁衍和社会发展中的重要作用。

从患病婴儿母亲的焦虑心情、二母争子、母亲挺身保护女儿等故事或画面中，可以看到纯真的母爱之心。

从鬼子母为了自己孩子而捉食他人孩子，以及一个母亲为因偷盗被判死刑的儿子向佛求情等故事中，则可以看到作为一个母亲的复杂心理。

从《弥勒经变》中的婚礼场面可以看到当时妇女的地位相对较高，而从敦煌文献中可以看到敦煌地区当时大多鼓励离婚后的妇女再嫁。特别是“一别两宽，各生欢喜”的“和离”观念，对当今人们的婚姻生活也有很好的启示作用。

微妙比丘尼四次改嫁的悲惨遭遇、在地狱遭受折磨的目连之母、因宫廷斗争被儿子追杀的王后、修楼婆王闻偈舍妻儿等故事，则从不同角度反映了当时一些妇女的凄惨命运。

从寡妇阿龙打官司维权、端正王判案、尼姑立遗书等故事中，则可以看到妇女的命运与法律的关系。

从许多因为政治需要而和亲出嫁的公主身上，可以看到当时和亲政策的重要意义，同时看到各民族中的女性为此而做出的牺牲和努力。

虽然敦煌壁画中描绘的女性不多，但其反映的社会层次非常广泛，内容也涉及方方面面，具有不可忽视的价值。正如德国哲学家恩斯特·海克尔所说："男与女是两种不同然而具有同等价值的机体，他们各有其优缺点。文化越是发达，这种两性爱情的理想价值就越是明显，对妇女就越是尊重。"[①] 因此，关注敦煌壁画中与女性有关的故事和画面非常有必要。

敦煌壁画中所描绘的女性形象，从不同角度不同层面反映了我国古代妇女的精神、文化和生活状况，可以说是一部浓缩的中国古代妇女生活图像史。

① [德]恩斯特·海克尔著，上海外国自然科学哲学著作编译组编：《宇宙之谜》，上海：上海人民出版社，1974 年，第 338 页。

目 录

图1　西魏第285窟东　伏羲女娲

女娲：从人类始祖到日月之神

在中国古代神话传说中，人类是由伏羲、女娲兄妹相婚而生，传说伏羲教民结网，从事渔猎畜牧，制作和食用熟食，创制八卦等。又传说女娲用黄土造人，炼五色石补天，断鳌足以立四极，积芦灰以治理洪水等。

在佛经中，伏羲、女娲却成了阿弥陀佛的从属菩萨，也是创造日月星辰的菩萨。在天地初开之时，没有日月星辰，人类生活在黑暗之中，于是阿弥陀佛便派遣他的两位菩萨，一名宝应声，一名宝吉祥，即伏羲、女娲前往第七梵天处取来七宝，创造日月星辰二十八星宿，以照天下，并定春、夏、秋、冬四季。显然，这是佛教对中国神话中伏羲、女娲兄妹相婚创造人类故事的抄袭与篡改。

莫高窟第285窟东披绘的便是中国古代神话中的人类始祖伏羲、女娲。画面中，摩尼宝珠两侧的伏羲、女娲，皆人首蛇身，头束鬟髻，着交领大袖襦，披长巾；胸前圆轮中分别画金乌、蟾蜍，象征日月。伏羲一手持矩，一手持墨斗；女娲两手擎规，双袖飘举。他们在此已由人类始祖逐步演化为日月神（图1）。

将中国神话人物改造为佛教人物，是适应佛教发展的需要。而将相关人物绘入佛教石窟之中，还在洞窟中描绘了风、雨、雷、电、飞廉、开明、乌获等众多的中国传统神话的神灵，显然是为佛陀营造一个既能传授佛教思想，又适应中国本土风俗和审美心理的道场。所以，这类壁画出现在西魏时期也绝不是偶然。长期以来，外来的佛教与中国传统的儒家、道教为了争取皇帝的支持来扩大自己的势力，相互之间展开了一系列激烈的斗争。在斗争的过程中，佛教努力吸收儒、道思想以及中国的神话传说，并把儒、道祖师以及中国传统的神话人物都置于佛教的从属地位。这就是为什么在莫高窟西魏第285窟中，要将伏羲、女娲分别绘在摩尼宝珠两侧，并在其胸部佩上日月标志的原因。

从人类始祖到日月之神，似乎提升了一个级别，不过这是明升暗降，因为日月之神不仅是阿弥陀佛的部属，同时还被帝释天以及四天王管辖。而人类始祖之"始"字，却是非常重要的，因为其他的一切都位列其后。

女娲，从人类始祖到日月之神，反映了佛教进入中国后与本土文化相互磨合、交融的真实情况。

“天姿掩霭，容颜绝世”的西王母

西王母又称金母、九天元女，传说中居于西边的昆仑山，最早“其状如人，豹尾、虎齿而善啸，蓬发戴胜”，曾是统管刀兵瘟疫的凶杀之神，后来演变为雍容和平、头饰大花髻、身穿汉式大袖袍、年约三十、“修短得中，天姿掩霭，容颜绝世”的美人，成了统管“天上天下，三界十方”的道教女仙。

西王母和东王公是我国流传已久的神话人物。东王公又叫东王父、东公、木公，即周穆王，传说中最早居于“东荒山”的一个“大石室”中，“长一丈，头发皓白，人形鸟面而虎尾”，后来成了道教的“扶桑大帝，冠三危之冠，服九色云霞之服；居于云房之间，以紫云为盖，青云为城；仙童侍立，玉女散香；真僚仙宫，皆尊其命而朝奉翼卫”。

关于东王公和西王母的故事，在《春秋左氏传》中已有记载，说周穆王西巡，造父为他驾车，“北绝流沙，西登昆仑，见西王母”，并于瑶池宴请西王母，送给她玄圭白璧和大量丝绸。宴席上互相唱和，“乐而忘归”。最后二人还在歌谣中抒情感怀，许诺以后再相会。

另外据《列子·周穆王》记载："穆王不恤国是，不乐臣妾，肆意远游，命驾八骏之乘……遂宾于西王母，觞于瑶池之上，西王母为天子瑶，王和之，其辞哀焉。"当年，穆天子以诸侯进献的八骏神马为御驾，一路往西征讨，抵达昆仑山。西王母出来阻止他，请他观黄帝之宫，迎他上瑶池，设宴款待，两人诗歌相和，穆天子"得四白狼四白鹿以归"。西王母回访，穆王在昭宫款待西王母。不论这段佳话是否属实，但当时中国与西域进行了非常重要的交流，应该是没有疑问的。

传说西王母曾住在敦煌的三危山上，并有三青鸟为其取食。据《山海经·西山经》记载："又西二百二十里，曰三危之山，三青鸟居之。"郭璞注："三青鸟主为西王母取食者，别自栖息于此山也。"史书中关于西王母的居住地有多处，敦煌的三危山应该是其中一处。周穆王西巡和西王母回访的路途都非常遥远，长达数万里，三危山很有可能是他们途中的栖息地之一。

因此，敦煌壁画中描绘有东王公和西王母的形象。在西魏第249窟中，令人特别关注的便是窟顶北、南披所绘的东王公和西王母。

在第249窟北披的壁画中，东王公身着大袖长袍，乘四龙驾车，前有持缰御者，即"造父为御"。车上华盖高悬，旌旗飘扬，车前有乘龙方士引导，车后有天兽尾随。《拾遗记》里记载穆公巡游天下时说："驱黄金碧玉之车，傍气乘风，起朝阳之岳，自明至晦""王驭八龙之骏""按辔徐行""穷观天域"。画面下部绘山峦、树林、奔驰的野牛、成群的野猪，以及射虎、追羊等狩猎场面，表现了周穆王出游围猎的情景。

第249窟南披的壁画中，西王母乘三凤驾车，身穿大袖襦，拱手

图 2　西魏第 249 窟南披　西王母

而坐，一副雍容华贵的贵妇人神态。前面有御者立其侧，三凤挽车，车顶悬重盖，车尾斜插旌旗，随风飘扬。车前有乌获、羽人、乘鸾仙姬、持节仙人引导，车旁有文鳐、白虎护卫，后有神兽开明簇拥随行。画面下部山峦、树林，林中有漫游寻草的野牛、伸颈嚎叫的犀牛、惊慌逃窜的麋鹿、馋涎欲滴的豺狗、凶残欲扑的饿狼、踌躇不定的山羊等，展现了一个广袤无垠的自然生态环境，也衬托了西王母的道家女仙风范（图 2）。

摩耶夫人，回娘家生产

据佛经说，2500多年前，在古印度的西北部，喜马拉雅山脚下（今尼泊尔境内），有一个迦毗罗卫王国。国王净饭王和王后摩耶夫人结婚多年都没有生育，有一天晚上，王后在睡梦中梦见一头白象腾空而来，闯入腹中，随后王后怀孕了。按当时古印度的风俗，妇女头胎怀孕必须回娘家分娩。摩耶王后临产前夕，乘坐大象载的轿子回娘家分娩，途经蓝毗尼花园时，感到有些疲乏，下轿到花园中休息，当王后摩耶夫人走到一株葱茏茂盛开满金黄色花朵的无忧树下，伸手扶在树干上时，惊动了胎气，太子就从摩耶夫人的右腋降生了。这一天是四月八日，即佛诞节。

回娘家生产是印度的风俗。我国汉族的传统习俗则刚好相反，怀孕妇女不能回娘家生孩子。主要认为回娘家生孩子有两个弊病：一是来回路途奔波，身体虚弱，易感风寒；二是恐怕会以女婴易男孩。所以《风俗通义佚文》记载："不宜归生，俗云令人衰。按妇人好以女易他男，故不许归。"

莫高窟北周第290、428窟中，分别绘有一幅摩耶夫人正在临盆分娩的画面，反映了古代印度的民间生育习俗（图 3、图 4）。

壁画中，太子出生时，摩耶夫人背后有一女侍抱腰，前面有一女侍跪着用盘或用布承接，这是一种讲究卫生的好习俗。分娩时有专人揽抱产妇的腰，这是一种民间的助产方法。产妇临盆时，有抱腰妈坐在产妇背后，抱住产妇的腰，这是由女性抱腰。在我国东北契丹族则由男性医生抱腰，这样压迫的力量更大，但必须用手帕将医生的眼睛蒙住。分娩抱腰习俗古印度已有，据佛经记载，摩耶夫人感到腹中不

图 3　北周第 290 窟人字披东披　佛传 · 树下诞生

图 4 北周第 428 窟西壁 太子降生图

安，欲似临产，乃遣姨母波阇波提抱腰，夫人手攀树枝，彩女用金盘承接太子。用盘承接婴儿，可以避免婴儿坠地可能引起的细菌感染。

敦煌民间有一种习俗：初生儿不用盘接，而用袋装。如敦煌文献 P.2661v记载："以小儿初生日入囊必尊贵。"将初生婴儿装入囊中，可能有御风寒的作用，类似襁褓。

从腋下生孩子，似乎和现实不符合。但用形象相似的身体部位代替生殖器官，既符合人们的审美需求，又迎合人们的道德要求，同时也巧妙地解释了人们一般难以用语言或图画描述的产妇临盆分娩的过程。实际上这是一种源于生活而高于生活的艺术借代手法。

王后：白发人送黑发人

虽然生老病死是新陈代谢的必然规律，但老年丧子，白发人送黑发人则是令人倍感伤心的事情。北魏第254窟南壁《萨埵舍身饲虎》中，便描绘了这样一个父母因痛失爱子而悲痛欲绝的画面。

佛经说，某国有三个太子，最小的名叫萨埵。有一天，三人出游山林，见一母虎带数幼虎，饥渴交迫，行将死去。萨埵欲以生命救此饿虎，所以先让二兄返回，自己则横卧虎前，但饿虎无力啖食，萨埵又爬上山冈，以竹刺喉出血，投崖饲虎，饿虎舔血后啖食其肉。

二位王子久等不见弟弟赶来，急忙返回山中寻找。走进山谷，他们大惊失色，眼前是斑斑血迹和支离破碎的残骸。从衣服和冠饰，他们认出是弟弟的尸骨。二位王子悲痛不已，痛悔不该离开萨埵。他们不敢久停，赶忙策马回宫去报告噩耗。

三位王子出宫后，王后到后宫午睡。忽然梦见自己的双乳被割掉，牙齿也掉光了，她心爱的三只鸽子中最小的一只被鹰叼走。惊醒以后，她预感到这是不祥之兆。果然，噩耗传来，巨大的打击使国王和王后悲痛欲绝，昏倒在地。清醒后，王后和国王强忍哀痛，离宫赶至山林，抱尸痛哭，哀号闷绝。二位王子百般劝慰，收拾起萨埵的遗骨带回宫去。国王和王后修建了一座舍利塔，将萨埵的遗骨安放在塔中，焚香供养。

在第254窟南壁的画面中，第一个情节——遇虎，安排在画面上部，然后沿一条旋形结构线依次画萨埵太子刺颈、投崖、饲虎、二兄收拾尸骨、回宫报信、国王和王后哭尸、起塔供养等场面。此画将不同时间、空间所发生的事情巧妙地组合在一个画面中，同时把“饲虎”这一中心场面画得较大，占了近三分之一，成为全画的主体。画家还突出描绘萨埵被咬的身躯和张牙舞爪的饿虎如何啖食人肉的情景，用细节来深化悲剧主题。与饲虎相对应的东上角是起塔供养的场面，尖塔之顶冲出矩形画幅，造成一种升腾感，用对角线的两端来隐喻萨埵饲虎与灵魂升天之间的因果关系。全图结构严谨，浑然一体。由于时间久远，色彩变得更加丰富，画面笼罩着强烈的悲剧气氛（图5）。

国王和王后哭尸的画面中，国王伏在地上，抱着萨埵尸体的双腿，眼望着死去的儿子；王后跪在地上，俯伏身体，双手紧紧抱着萨埵的头部，将自己的脸紧贴在儿子的脸上，双眼充满哀伤和绝望。国王与王后都是白发苍苍，特别是王后的满头白发，非常醒目刺眼。画家在这里似乎刻意强调母子情深，母子连心，母亲丧失爱子后悲痛欲绝的心情，同时刻意渲染了白发人送黑发人的悲伤气氛，让人深深感受到母亲对儿子那种刻骨铭心的爱（图6）。

图5 北魏第254窟南壁 舍身饲虎

图6 北魏第254窟南壁 国王与王后哭尸

夫君遭受酷刑，王妃惊恐悲痛

北魏第254窟北壁绘有一幅《尸毗王割肉贸鸽》的故事画，据佛经说，有一只鹰追逐一只鸽子，鸽子逃往尸毗王处寻求保护。鹰向尸毗王索取说："若不还鸽，我亦将饿死，等于你把我害死。"尸毗王想到自己立誓普救生灵，如还鸽给鹰，害鸽一命；鸽不给鹰，鹰即饿死。用什么办法才能同时救护两条生命？为了两全其生，尸毗王决定割自己身上的肉喂鹰，以赎鸽命。鹰要求所给之肉必须与鸽体同重，尸毗王身上的肉都快割尽了，其重量仍然不够。尸毗王于是坐入秤盘内，以全身换鸽之命。

画面内，尸毗王庄严端坐正中，其左侧上方一鹰向其飞来，鸽子飞落于尸毗王的右手掌心内，仰望乞求保护。尸毗王左手举起似拦鹰护鸽之势。右腿下垂，左腿盘坐，面部半侧，视线向左下方的割肉者，镇静自如。割肉者穿短裤，赤裸上身，披发，面带凶相，正拿着刀割尸毗王左腿上的肉。割肉者左侧有一提秤人，身穿袴褶，腰系带，穿长靴，戴毡帽。两端的秤盘上，一端是鸽子，一端是尸毗王，秤杆平衡，表示尸毗王和鸽子的重量相等（图7）。

图 7　北魏第 254 窟北壁　尸毗王本生

画面上部，绘数身飞天在空中为尸毗王撒香花。尸毗王两侧的天人菩萨和世俗臣民有的神态安详，合掌赞叹；有的激动万分，悲伤痛哭。其左下侧有三位头戴宝冠、身穿龟兹装的王妃，其中一位紧紧抱住尸毗王的右腿，表情痛苦，似在竭力劝阻；中间一位扭过脸去，似乎不忍目睹割肉的惨状；外侧一位双手捧下巴，双眼直愣愣地望着尸毗王，似乎被眼前血淋淋的情景惊呆了（图 8）。

画家对三位王妃的描写，显然与其他天人和普通臣民不同，多了许多惊恐、许多悲痛、许多忧伤，增添了许多心理刻画。三位王妃面对自己的亲人遭遇类似凌迟酷刑的巨大痛苦时，与其他旁观者相比，必然有更强烈的感受，其表现出的情状自然更为复杂、多样。

第 254 窟的这幅《尸毗王割肉贸鸽图》，生动形象地表现了三个女性面对亲人遭遇巨大伤痛时的不同心理和情态。

图 8　北魏第 254 窟北壁　尸毗王本生中的三位王妃

爱慕虚荣的王后

据佛经说，有一只身毛九色、双角如银的鹿，生活在一个水草丰美的河边。有一天，一个行人掉入水中将被淹死，在水中挣扎呼救，恰逢九色鹿从河边经过，闻声而至，奋勇入水，救起溺水之人。为感谢九色鹿的救命之恩，溺水人跪地请求，愿做其奴仆，听其使唤。九色鹿说："无须报恩，只是万万不可泄露我之所在。"溺水人发誓遵其所言，然后离去。这天夜晚，此国的王后梦见美丽的九色鹿，贪欲顿起，要求国王设法捕获九色鹿，剥其皮毛做裘衣，取其犄角做拂柄。于是，国王命人张榜悬赏：若有捕获九色鹿者，愿分国家财富一半作为赏赐。溺水者见利忘义，立刻进宫告密，并领国王入山捕鹿。此时九色鹿正在山林中安睡，全然不知此变故，惊醒时已被国王率领的围猎队伍包围，无法脱身。于是，九色鹿毅然走到国王面前，向国王述说了自己曾经如何救了溺水者、溺水者如何发誓等情况，并感叹现在自己竟被此人出卖。国王听后，深为感动，立刻谴责溺水者的卑鄙行为，同时下令全国禁止捕捉九色鹿。最后，溺水者遭毒誓报应，全身长疮，暴病身亡；王后也因私欲未达到，又气又恼，羞愤而死。

莫高窟北魏第257窟西壁的《九色鹿本生》是敦煌故事画经典作

图 9　北魏第 257 窟西壁　九色鹿本生

品之一，描绘了这个忘恩负义的溺水者告密、出卖九色鹿的故事。

这幅壁画打破了习惯上按时间先后为序的情节分布法。画面从南往北描绘了：(1) 溺水者在水中呼救；(2) 九色鹿经过河边听见呼救声；(3) 九色鹿救溺水者；(4) 溺水者发誓不泄密；(5) 九色鹿安卧山中。同时从北往南画：(6) 王后夜梦九色鹿，并要求国王悬赏捕鹿；(7) 溺水者告密；(8) 溺水者引导国王带兵入山捕鹿。最后在画面中间绘：(9) 九色鹿向国王控诉溺水者忘恩负义的行为 (图 9)。

图中的王后是画家所塑造的一个非常鲜明的反面人物。虽然由于变色无法看清她的脸部表情，但是从她的身姿和手势上多少能领略到她是一个娇媚又自私，并善于运用自己的姿色、身份、权势的人。画面中她一身波斯装打扮，头戴王后冠，冠上披一绿色长纱巾，身穿绿色

对称涡纹的紧身马甲，下着绿色长裙，媚态十足地将一只手搭在国王的肩上，眼睛看着前来告密的溺水者。当国王应其所求，并从溺水者处得知九色鹿的行踪后，她长裙摆下露出的那只脚频频摆动，两手的中指食指点点轻扣，似乎认为九色鹿定将被猎取。一扣指、一踮脚，就将她洋洋自得的情形表现了出来。这些生动的细节描绘，深刻地表现了王后急切促使国王加害九色鹿的阴暗心理（图 10）。

这幅故事画不仅歌颂了九色鹿舍己救人的正义行为，强烈抨击了忘恩负义、不守信用的卑鄙小人行径，同时对贪婪自私的王后也给予了严厉的抨击和惩治，继而引发人们对真善美的追求，对假丑恶的鄙视，其思想内容发人深省。

图 10　北魏第 257 窟西壁　王后要求国王寻捕九色鹿

等待剃度的王妃、宫女

盛唐第445窟北壁《弥勒经变》中，描绘了翅头末城儴佉王率领王妃、太子、大臣、宫女们剃度出家的情景。这几组画面是众王妃和宫女们剃度的场面（图11、图12、图13）。

画面中，在有围屏遮挡的场地内，比丘尼持刀正为王妃落发，被剃发的王妃正襟危坐，侍女在一旁或跪或站，手里捧着器物接取从王妃头上削下的头发，前面地上摆满净瓶、盆盘等盥洗器物；在没有围屏的另一侧，则有比丘尼或宫女手提帷布遮挡。已经剃度的王妃跪拜礼佛，等候剃发的王妃、宫女们聚集在围屏里。其表情各异，或虔诚合十，或窃窃私语，或安详自然，或担心害怕。

在围屏外侧，有一男子持棍挑起帷布，向内窥视剃度的妇女。

这几组王妃和宫女们剃度的画面，从不同角度刻画了王妃、宫女们面对剃度出家以及防备偷窥者的各种心理活动。

图 11　盛唐第 445 窟北壁　女剃度图之一

图 12　盛唐第 445 窟北壁　女剃度图之二

图13　盛唐第445窟北壁　女剃度图之三

佛教史上的第一个比丘尼

据佛经说，释迦牟尼佛在迦毗罗卫国云游时，姨母摩诃波阇波提王妃找到他，乞求出家为尼。当时佛不同意女人出家、受戒、披法衣，就让她在家学道、修行。姨母再三哀求，都被佛拒绝。

姨母伤心失望，立在门外，忍不住啼哭起来。这时，阿难刚好从门前经过，见状就上前询问原因。得知原因后，便答应替她去说服佛。

阿难回去后，据理力争，请求佛准许女子出家。佛告诉阿难说："我出生刚七天，母亲就去世了，是姨母把我养育成人的。现在我能成佛，可以说都是姨母的恩德。但女人出家，一定会影响佛的清净梵行。但是如果女人能够用毕生精力持八敬法，就准许她们出家吧！"

阿难把佛的旨意转告给摩诃波阇波提王妃，摩诃波阇波提王妃听后当即转悲为喜，表示坚决奉行佛的教旨，受持八敬法。于是，摩诃波阇波提王妃出家成为比丘尼。

释迦牟尼的姨母摩诃波阇波提王妃是佛教史上的第一个比丘尼。她的出家开启了女子出家修行的大门，在当时印度社会鄙视女子的风气下是一件具有颠覆性意义的事情。虽然佛陀为女子出家定下的"八敬法"中，包括女子出家受戒必须经过比丘僧的同意，比丘尼不可辱骂比丘僧、比丘尼不可指称比丘僧所犯的错误等等，如果以现代眼光看带有男女不平等的思想，但对当时社会而言已经是非常不可思议的了。

莫高窟第217窟西壁龛顶所绘释迦牟尼返乡的画面中，释迦牟尼率众弟子乘云降落在城门前，城门开启，姨母摩诃波阇波提王妃伸出双手相迎，显示出深深的母爱之情（图14）。

图14 盛唐第217窟西壁龛顶北侧 释迦牟尼返乡·姨母相迎

寂寞凄凉的太子妃

据佛经记载，释迦牟尼出家修行六年，成佛后应父王的邀请返回故国传播佛教，度化国人。这时，其出家前的太子妃耶输陀罗对释迦牟尼情恋依依，欲续旧情，但释迦牟尼冷淡相对。于是耶输陀罗准备了一钵百味欢喜丸，让七岁的儿子罗睺罗端送给佛陀。佛陀虽然吃了药丸，但却毫无反应，不与耶输陀罗行夫妻合欢之事。耶输陀罗又用重金请一人制作了药力甚大的百味欢喜丸，并施加咒语，混合其他药草，拌在佛陀的饭钵中。佛陀服食后，耶输陀罗盼望着药力发作，能让佛陀回心转意，对自己欢娱如初。但事与愿违，佛陀仍心目澄净，毫无异相。

北周第 428 窟东壁门南侧就描绘了这个故事，画面中佛陀端坐于莲座，儿子下跪于座前，正用右手从一容器中取出一粒欢喜丸，身后有一马卧地（图 15）。此壁画表现了耶输陀罗遣儿子罗睺罗奉送欢喜丸给佛陀的情景，虽然画面中没有出现太子妃耶输陀罗的形象，但此时无声胜有声，让人倍感太子妃独守空房的寂寞、凄凉。

这正如人们常说的：一个成功男人的身后，往往有一个做出莫大牺牲的女人。

图 15　北周第 428 窟东壁门南　罗睺罗献药

被丈夫舍弃的妻子

难陀是释迦牟尼的异母兄弟，据佛经说，有一天，迦毗罗卫国王子难陀在家给美貌的妻子描眉涂香，听见释迦牟尼在门外化缘，想出门看看，其妻要他速去速回。难陀出门见了释迦牟尼，取佛钵盛满食物，但释迦牟尼一定要他亲自送到拘楼精舍（释迦牟尼住处），难陀只好照办。到了拘楼精舍后，释迦牟尼强迫难陀剃发出家，并将他软禁起来。过了一段时间，释迦牟尼进城化缘，难陀趁机逃往家中，在中途遇释迦牟尼归来，难陀想躲到树后，树却飞到空中，使他无处可藏。释迦牟尼见到难陀，问他是否想念美貌的妻子，难陀点头称是。释迦牟尼便带难陀来到天上，见到了五百名美妙绝伦的天女，都未婚嫁，说是专等以后难陀升天来做丈夫，难陀心里暗自高兴。释迦牟尼又带难陀到地狱，见一又老又丑的猴子，释迦牟尼说："这就是你那美貌的妻子。"又见一口沸腾的油锅，地狱小鬼说："如果难陀因情欲不能好好修行，死后将堕入地狱，这口沸腾的油锅就是为此而准备的。"难陀吓得毛骨悚然。回到人间后，释迦牟尼对难陀说："你好好修行，准备到天国享福吧。"难陀说："天国不敢奢望，只求不入地狱。"终于下定决心舍弃妻子出家修行。

莫高窟北魏第 254 窟北壁东侧有一幅释迦牟尼强迫其弟难陀出家

的壁画，这是一幅耐人寻味的故事画（图 16）。

画面中，释迦牟尼坐在中间的大草庵内，两侧画飞天礼佛，诸菩萨侍立，诸弟子列坐小草庵中围绕听法。释迦牟尼右侧有持剃刀的戒师，左侧有持金刚杵的护法力士。画面左右两角各画一对携手抚肩、情意缠绵、依恋难舍的青年男女。画面左角是难陀就要出家时与妻子离别的情景，难陀一只手搭在妻子肩上，一只手握着妻子的手，眼睛却望着佛陀，表现出一种矛盾的心理；他的爱妻正扭过脸来，暗暗垂泪，一副悲伤而无可奈何的表情（图 17）。画面右角绘有一比丘使劲拉拽难陀，用右手抓住难陀的左手；难陀则表现出不愿离去，虽然左手被比丘紧紧抓住，但右手高举，侧身试图扑向并抱住妻子；妻子默默无言地望着丈夫（图 18）。

这正如元好问《摸鱼儿》词中所感叹：“问世间情是何物，直教生

图 16　北魏第 254 窟北壁　难陀出家

图17　北魏第254窟北壁　难陀出家（局部）

图18 北魏第254窟北壁 难陀出家（局部）

死相许。……欢乐趣，离别苦，就中更有痴儿女。”

为了事业，许多男人舍弃了自己心爱的女人，许多妻子失去了自己的丈夫，许多完整的家庭破碎。

强忍悲痛、垂泪呜咽的佛母

据《摩诃摩耶经》说，佛母摩耶夫人得悉释迦牟尼佛涅槃后，即从忉利天乘云直到娑罗双树间，然后走到佛陀涅槃的地方，为佛陀致哀悼念。

图 19　隋代第 280 窟人字披　涅槃经变

图 20　隋代第 295 窟人字披　坐在佛陀头侧的佛母

隋代第 280 窟、295 窟、420 窟都绘有佛母坐在佛陀头侧致哀的画面。在第 280 窟《涅槃经变》中，摩耶夫人头戴宝冠，上身穿喇叭口短袖衣，外披袒右肩红色袈裟，坐束腰莲座上，上身微微前倾，左手支颐，右手抚膝，向佛陀默哀(图 19)。在第 295 窟《涅槃经变》中，摩耶夫人的形象与第 280 窟大体相同，但上身更为前倾（图 20)。在第 420 窟《涅槃经变》中，摩耶夫人上身穿长袖窄衫，两肩似削，下身穿拖地长裙，裙腰高束，坐束腰莲座上，上身微微前倾，左手支颐，向佛陀默哀（图 21）。

佛母摩耶夫人的衣饰都很华丽，除第 280 窟、295 窟中外披红色袈裟外，宝冠和喇叭口短袖衣等均为世俗贵妇人服装。特别是第 420 窟《涅槃经变》中摩耶夫人的服饰，与隋代第 62 窟和隋末唐初第 390 窟中的女供养人服饰非常相似。

画面中的佛母虽然因佛陀去世而悲伤，但不像一般的弟子悲号恸绝，不能自持。不过，佛母微微前倾的身体反映了她是在强忍自己的悲痛。据佛经说，摩耶夫人在天上听说佛陀涅槃，立刻“闷绝躄地，诸天女等以冷水洒面，良久乃苏”，乘云来到娑罗林中，“遥见佛棺，即大闷绝不能自胜，诸天女等以水洒面，然后方苏醒”。直到“世尊以大神力故，令诸棺盖皆自开发，便从棺中合掌而起”，母子相见，世尊“以梵软音问讯母言，远屈来下此阎浮提，诸行法尔愿勿啼泣”，摩耶夫人才“小自安慰，颜色渐悦如莲花敷……垂泪呜咽强自抑忍”。

图 21　隋代第 420 窟人字披　涅槃经变

在崎岖山道中肩负孩子的母亲

在隋代第423窟人字披东披《须达拿太子本生》中，绘太子夫妇肩负儿女行走在崎岖的山道中。这个画面既表现了父母对儿女的疼爱，也再现了当时人们旅途中的情景（图22）。

据佛经说，古印度叶波国的须大拿太子从小乐善好施，名满天下。有一次，他将国内的镇国之宝白象施舍给了敌国的婆罗门奸细，令国王大怒，把他放逐出境到地处荒僻的檀特山。

须大拿太子携带妻子曼坻和两个儿女拜别父王，出城后沿途继续向人们布施，陆续将车马、衣服都施舍给了前来乞讨的婆罗门，一路艰辛，终于到达了檀特山。此后又被一个又老又丑的婆罗门乞讨儿女，最后国王赎孙并迎接太子回宫。

这幅画面表现的是太子带着妻子和儿女前往檀特山的途中，正遇到一个婆罗门前来乞讨衣服，便将全家人衣服施出的情节。

画面中，山林间太子须大拿的肩上坐着一个男孩，妻子曼坻的肩上坐着一个女孩。两人的前面有一人正作乞讨状，太子把一些衣服施舍与他。太子身穿红色长袍，妻子身穿红色披风和束腰赭黑色长裙。两人的头、手和妇女长裙以及两个孩子、乞讨者都是赭黑色（变色所致），给观者以剪影的艺术效果。特别是母亲修长的身材、肩上女孩的身形以及母女俩的椭圆形脸部和下巴，很准确地将女性特征表现出来。

父母让幼小的孩子坐在自己肩上行走，这是古代交通不发达时人们旅途中常见的现象。由于路途艰辛，幼小的孩子体力不支，因此父母往往用背篼背负、担子挑或肩负的方法携带孩子出行。现在这种情况已经很少见到，但人们在观看社火等表演时，也可以见到一些成年人让小孩坐在自己肩上，以增加孩子的高度，让孩子看得更远、更清楚，这也是成年人对儿童的一种关爱。

北周第428窟东壁《须达拿太子本生》中，也绘有太子夫妇肩负儿女出行在山道中的情景，画面上绘两个孩童分别坐在一个男子和一个女子的肩上，不过这里的女性特征不是很明显（图23）。

另外，北周第296窟北壁《须阇提太子本生》中，绘一女子肩上坐着一个小孩，但小孩的姿势不像坐在母亲的肩上，而像站在母亲的肩上（图24）。这是描绘善住国王携带妻儿仓皇逾城的情景，在逃往邻国途中粮尽，善住为了复国报仇，欲杀王妃充饥以保全自己和小太子须阇提的性命。当时太子须阇提见父王拔剑，便哀求父王不要杀母亲，而愿意每天从自己身上割一块肉供三人充饥。画面中便是小孩坐在母亲肩上时，看见父亲要杀自己的母亲，急忙挥手劝阻父亲的情景。

这三幅画面中描绘的母亲都是肩负着孩子在崎岖山道中行走，真实地反映了母亲对孩子的无私疼爱。

图 22　隋代第 423 窟人字披东披　须达拿太子本生·施衣

图 23　北周第 428 窟东壁　须达拏太子本生（局部）

图 24　北周第 296 窟北壁　须阇提太子本生（局部）

焚香请佛的虔诚女信徒

据佛经说，印度舍卫城须达长者有一个女儿名叫须摩提女，容貌端正，为时人所叹，她与父亲都是佛陀的虔诚皈依者。由于须摩提女美貌非凡，端正贤淑，于是住在东方满富城的满财长者便设法娶她为儿媳妇。然而，满富城是信仰裸形外道的地方，凡是外地嫁到该城的新妇，也都要入乡随俗，并供养和宴请六千位裸形外道。当须摩提女抵达满财长者家中时，依例也必须向前来赴宴的六千裸形修行者礼拜。但奉行佛教的须摩提女见这些赤身裸体、丑陋粗野、不信佛法的外道，便闭门高卧，拒不接待宾客，弄得满财长者左右为难，只好听从好友的劝告，让须摩提女请其师释迦牟尼前来赴斋说法。果然，须摩提女便盛装打扮，登上高楼，焚香请佛，满富长者一家恭迎庄外。香烟飘到佛处，佛知道须摩提女的诚意，决定度化当地民众，于是派伙夫乾荼先背上炊具飞往满财家，接着又派十大弟子分别以神通陆续乘青牛、孔雀、金翅鸟、龙、天鹅、黄虎、青狮、白马、大象等飞来，释迦牟尼及诸侍者随后飞临。通过神通威力，终使六千外道离开彼城。不仅满财全家成为佛教信徒，全城民众也全部皈依佛教，扭转了该国的外道信仰，使该地成为信仰佛教的地区。

绘于莫高窟第257窟西壁北端和北壁的《须摩提女缘品》，描绘了佛教借女信徒须摩提女出嫁之机，展示佛法神通，使信仰不同的满财长者一家及其所居地民众皈依佛教的故事。

这幅画中首先描绘了须摩提女卧床不拜客和焚香请佛的场景，然后描绘释迦牟尼佛遥知女信徒有请，派弟子依次先行的场景，最后又画须摩提女一家跪迎佛及弟子的场景。

画面中，一群半裸身体、丑陋粗野的外道聚集在满财家中，或静坐等待，或挥手吵吵嚷嚷，但须摩提女静卧在内室，拒不出来拜客；高楼上，须摩提女虔诚地焚香请佛，与下面卧床的须摩提女以及外面吵闹的外道形成鲜明的对比，充分表现了这位女信徒对佛教的虔诚（图25）。

图 25　北魏第 257 窟北壁　须摩提女卧床不拜客和焚香请佛

美少女变成老太婆

第254窟南壁东侧的《降魔变》是佛传故事中的一个重要情节，讲述释迦牟尼在即将得道成佛之时，魔王波旬十分惊慌害怕，担心释迦牟尼成佛后，会阻止自己的行事，于是率领魔军前往释迦牟尼修行处骚扰，企图阻挠释迦牟尼成佛。先以美女诱惑，继之以武力威胁，均遭失败。最后，释迦牟尼以神通力使美女变成了老太婆，魔军亦被降服（图26）。

画面正中为释迦牟尼结跏趺坐，左手执衣裙，右手作“指地印”，神态泰然，镇定自若。佛陀右侧下部画魔王的三个女儿，着龟兹装，戴宝冠，披大巾，身着半袖外套背子，腰束长裙，正搔首弄姿，千娇百媚，顾盼有情，企图以女性魅力诱惑释迦牟尼。佛陀左侧下面则画三个皱纹满面、头面干瘪、白发覆顶的老太婆，表现释迦牟尼毫不动心，将三美女变成了沮丧的老太婆（图27、图28）。

画面上部，释迦牟尼两侧是魔军妖众，有象头、羊头、虎头、马面，甚至有以乳为目、以脐为口、奇形怪状的魔军，或张弓搭箭，或操戈持剑，或吐火放蛇，企图用武力干扰释迦牟尼。据佛经讲，此时释迦牟尼泰然不动，略施法力，用手一指，魔军妖众便目瞪口呆，手脚僵硬，纷纷

图 26　北魏第 254 窟南壁　降魔变

缴械投降，魔王波旬也跟着伏地皈依。

从艺术角度看，画面上部，两侧的魔军形象层层叠压，拥挤混乱，用“密”和“动”构成强大的张力，压向坐在中间的释迦牟尼；但释迦牟尼的背光和头光以外弧的多层拱形构成外扩的张力，与内压之力取得平衡，使中间坐的释迦显得更高大稳健，很好地表达了魔军必败的情态。

画面下部，两侧所绘的极具对比性的三位美女和三位老太婆，则为紧张的画面增添了几分轻松幽默的气息，同时也增添了释迦牟尼必胜的气氛。

魔众的惊慌丑态和失败，衬托了释迦牟尼的坚定、镇静和胜利。喜剧性的画面，让观者即信众在幽默轻松的气氛中感受到佛法的威力，坚定对佛教的信仰。

释迦牟尼将三个美貌的青春少女变成三个满面皱纹的老太婆，展示了佛法的威力，让魔军感到恐惧，说明爱美之心不仅人皆有之，而且魔军也皆有之。

图 27　北魏第 254 窟南壁　降魔变中的三魔女

图 28　北魏第 254 窟南壁　降魔变中的三丑妇

哪个少女不怀春

莫高窟北魏第257窟南壁《沙弥守戒自杀缘品》，是一幅涉及男女之情的壁画，这幅画描绘了一个年轻沙弥不受美貌少女诱惑，以身殉教的故事，同时也反映了情欲与禁欲之间的矛盾。

据佛经说，曾有一个虔诚信佛的长者，送儿子到一位德高望重的高僧门下，受戒为沙弥。平常，这位高僧和弟子的衣食，由本城的一位富有居士供养。有一天，居士外出，留其十六岁的妙龄女儿在家看守，而居士行前忘记了给僧人送饭。高僧候食不来，就派沙弥到居士家乞食。沙弥来到居士家敲门乞食，少女开门一看，见是一清俊的沙弥，顿时心生爱慕，在沙弥面前牵手拉衣，做诸娇态，倾吐衷情，欲以身相许。而沙弥想到师傅教导的三规五戒，“坚摄威仪，颜色不改”，为了保持清白，趁少女不注意之时，持刀自刎而死。少女见沙弥身亡，悲呼哀泣。待居士回到家中，少女述说了实情。印度当时风俗，僧人死在俗人家里，要交纳罚金一千。居士呈报国王，依法交纳罚金赎罪。国王听后，深为感动，为了表彰沙弥以身殉法的高尚行为，命人用香木火化沙弥尸体，并起塔供养。

该故事一方面表彰小沙弥严守佛门戒律，压抑自己的欲念，坚贞高

图 29　北魏第 257 窟南壁　沙弥守戒自杀缘品（局部）

洁；另一方面对少女诱惑沙弥的行为有所指责，劝人以此为戒，但同时也对少女的情感表示理解和同情。

北魏第257窟的画面中，少女头戴宝冠，披大巾，穿长裙，通体着华贵的龟兹装。在描绘沙弥乞食的情节中，少女用一只手拉扯沙弥的袈裟，头微俯，双眼下视，羞怯状，表情颇不自然，极显初恋少女情态。沙弥左手托钵，右手急挡少女突然拉扯袈裟的行为（图29）。

在西魏第285窟的画面中，少女的穿着已不是第257窟中的西域龟兹装，而是南朝汉族女装。少女头梳双丫髻，有髻鬟，宽袖襦裙。其飘舞的长袖，优美潇洒的身姿，展现了一个怀春少女动人的风韵（图30）。

图30　西魏第285窟南壁　沙弥守戒自杀缘品（局部）

图 31　盛唐第 45 窟南壁　离淫欲

另外，莫高窟盛唐第 45 窟南壁有根据《观世音菩萨普门品》描绘的“离淫欲”画面。经文内容是宣传佛教的禁欲观念，但壁画所绘实际上表现了人世间剪不断的男女之情。

画面中，青山绿水之间，一青年男子手捧笏板，正躬身向一女子求爱。女子绿衣红裙，侧面而立，目视男子，似乎在等待着男子向自己求爱。男子躬身的姿势和弯曲的衣纹线条，巧妙地反映了其曲意讨好献殷勤的心理。女子红裙上流利的长线，则画出了少女的矜持。画中有榜题云：“若多淫欲，常念恭敬观世音菩萨，便得离欲。”题为“离欲”，描绘的却是一个女子正在等待男子求爱的情景（图 31）。

公主树下听弹筝

晚唐第 85 窟南壁《报恩经变》中有一个“树下弹筝”的画面，充满诗情画意，描绘了一个美丽的爱情故事。

据佛经说，古印度的波罗奈国太子善友为济众生，入海赴龙宫求取摩尼宝珠，获宝归途中被弟弟恶友刺瞎双眼，夺去宝珠，流落利师跋国为王宫看守果园。善友悲于不幸遭遇，常于园中弹筝抚弦以抒情怀。利师跋国公主听筝知音，萌发爱意，与善友结为夫妇。婚后，善友披露身份，双眼复明，携公主返归波罗奈国索回宝珠，变现衣食珍宝普济众生。故事情节婉转曲折，主人公一生遭遇悲欢离合，喜获纯真爱情，十分动人。

画面中，绿草如茵，树影婆娑，枝叶葱郁。善友端坐树下，膝前置筝，一手抚琴，一手拨弦，公主对面而坐，聆听入神，对善友萌发爱意。榜题中写道：“女见太子，心生爱念，愿为夫妻。”（图 32）

整个画面以绿色为主调，间以白裙黑裳，亮色透光，形成宁静、幽深、无声胜有声的意境。

图 32　晚唐第 85 窟南壁　报恩经变・树下弹筝

男拜女不拜的婚礼

在等级森严的封建社会，为了区别不同人的身份、地位，在服饰、车乘、器物等方面都有具体规定，不得僭越。但在婚礼这种特殊场合，新郎新娘可以夸大自己的身份，可以按超越自己实际级别的礼仪行事，如士庶之辈可以穿戴卿大夫的冠帽，这就是“摄盛之俗”。《周礼》中明确规定：“新迎亦当玄冕，摄盛也。”敦煌壁画中的婚礼场面，真实地再现了当时的摄盛之俗。

如盛唐第116、148窟中的婚礼图，新郎头戴冕旒，身穿褒衣博带，这是帝王、诸侯的服饰。大多数新郎是头戴幞头，穿红色袍服，双手持笏，如晚唐第12窟婚礼图中所绘。持笏不是普通庶民的装扮，笏又名“手板”，唐代以来是品官朝会或出使时所持，把该办理的事情写在上面，起备忘录的作用，袍笏加身乃是贵族官僚的服制。新郎的服饰反映了敦煌婚俗中的摄盛之俗，新娘的服饰也随之升级，不仅有满头珠翠花钗者，更有凤冠霞帔者，如盛唐第33窟中的新娘满头珠翠花钗（图33），晚唐第12窟婚礼图中的新娘头戴凤冠、身披霞帔（图34）。唐朝

图33 盛唐第33窟南壁 婚礼图 满头珠翠花钗的新娘

图34 晚唐第12窟南壁 婚礼图 头戴凤冠的新娘

时，花钗礼衣是亲王纳妃之服，凤冠在汉代为皇后专用，后世亦为命妇所用，是女冠中最为尊贵者。

摄盛之俗不仅在敦煌，从春秋以来一直在社会上流行。到了清代，还有“新郎三日大”之说，在婚礼的三天之内，哪怕是目不识丁的劳作者，亦可红顶花翎，他人不得干涉。

这些婚礼图中最引人关注的，是男拜女不拜的拜堂行礼方式。如盛唐第33窟南壁《弥勒经变》中，布幔围成的小院内，一顶人字披的帐幕内有宾客对坐宴饮；帐前铺一地毯，新郎和新娘在上面行礼。只见新郎匍匐于地叩首跪拜，而新娘则站在一旁只是双手抱在胸前作揖行礼（图35）。另外在晚唐第12窟南壁《弥勒经变》的婚礼图中，新娘也只是站在跪在地上的新郎一旁，微微欠身作揖而已（图 36）。

这种面对家长及众亲友“男拜女不拜”的拜堂行礼方式，显示了当时妇女的地位较高，可能与唐代武则天执政尊尚妇女有关。

图 35　盛唐第 33 窟南壁　婚礼图

图 36　晚唐第 12 窟南壁　婚礼图

祈求生儿育女的妇女

佛教中的观音信仰之所以在中国受到普遍欢迎，与人们的求子心理有关。敦煌壁画中大量的《观音经变》便反映了当时善男信女们渴望生儿育女的迫切心情。如盛唐第45窟南壁中，绘一戴幞头、身穿圆领窄袖袍服的男子，双手合十，虔诚祈祷，身后立一男童，榜题云："若有女人，设欲求男，礼拜恭敬观世音菩萨，便生福德智慧之男。"（图37）其侧又绘一头梳抛家髻、上穿赭色大袖襦衣、下着绿色长裙、双肩披紫色大披巾、足蹬尖头上翘履的妇女，身后立一头梳双丫髻的女童，榜题云："设欲求女，便生端正有相之女，宿植德本，众人爱敬。"（图38）这里将求男求女并列画在一起，在一定意义上反映了当时的男女平等思想，既想要男孩子，同时也想要女孩子。

敦煌变文P.2999《太子成道经》中也有关于祈求生男生女的生动描写，经云："净饭大王，为宫中无太子，忧闷寻常不乐。……大王问大臣：'如何求得太子？'大臣奏大王曰：'城南满江树下，有一天祀

图37　盛唐第45窟南壁　求男得男

图 38　盛唐第 45 窟南壁　求女得女

神，善能求恩乞福。往求太子，必合容许。’是时大王排枇銮驾，亲自便往天祀神边。……索酒自发愿：‘（吟）拨掉乘船过大江，神前倾酒三五瓮。倾伍不为诸余事，男女相兼乞一双。’夫人道：‘大王何必多贪，求男是男，求女是女，一双难为求觅。’夫人索酒亲自发愿浇来甚道：‘若是得男，神头上伞左转一匝；［若是］得女，神道头上伞盖右转一匝。’”

大王祈求同时能够“男女相兼乞一双”，夫人也做了思想准备，认为不管是“得男”还是“得女”，都是神的恩赐。

步步生莲的鹿母夫人

莫高窟中唐第 112 窟北壁根据《大方便佛报恩经》描绘了鹿母夫人的故事。

据佛经说，古印度波罗奈国仙圣山中，有一南窟仙人，一北窟仙人。一日，南窟仙人便溺于泉边，一雌鹿舔食便溺而怀孕。不久，母鹿产下一女被南窟仙人收养。

鹿女长大到十四岁，一日不慎熄灭火种，南窟仙人叫她到北窟仙人那里去索取火种。鹿女到北窟求火种，北窟仙人看见鹿女足到之处皆生出莲花，于是让鹿女沿窟绕行七圈。鹿女遵嘱绕行，莲花便环窟而生。

一日波罗奈国的国王游猎来到北窟，看见窟外环绕朵朵莲花，得知是鹿女足下所生，便立刻到南窟索鹿女而回城，将其纳娶入宫，封为第一夫人。

不久鹿母夫人怀孕，满月后生下一朵巨型莲花。国王怒责鹿母为畜类之女，生此怪胎，于是贬之于冷宫，并命人将巨莲扔弃到水池中。

图 39　中唐第 112 窟北壁　报恩经变·鹿母夫人故事

一日，国王与群臣嬉游于池边，巨莲怒放，内生五百子。国王见此异状，知道莲中之子是鹿母所生，因而深悔自责，重立鹿母为第一夫人。后来五百太子长大，身强力壮，武艺超群，一人能够力敌一千。每当邻国反叛，五百太子便去征讨。自此“国土安稳”“不起四兵”“人民丰穰炽盛”。

第 112 窟的这幅画面中，描绘南窟仙人坐在洞窟中修行，窟外一鹿正在泉边舔食（图 39）。

藏经洞出土的绢画中，则描绘了鹿女到北窟取火种、环窟绕行、步步生莲的情景。画面中北窟仙人在洞窟中合掌跪地，窟前绘七朵莲花（包括鹿女脚下的一朵），表示绕窟七圈（图 40）。

这个故事也表现了古代社会人口兴旺与国家兴旺强盛之间的关系。

图 40　藏经洞出土绢画　鹿母夫人

婴儿患病，母亲焦虑

盛唐第 217 窟南壁有一幅《得医图》（图 41、图 42），系根据《妙法莲华经·药王菩萨本事品》中“如病得医”四个字所描绘，这幅图再现了唐代医生出诊的情景。

画面中绘一深宅大院，院内假山别致，绿树成荫，垂柳飘拂，一位雍容华贵的妇女坐在铺有茵褥的胡床上，跟前有一中年侍女怀抱婴儿，主仆均注视着孩子；另一年轻侍女正引导着一手拄拐杖、温文尔雅、颇有儒医风度的医生来到台阶前，身后跟着一个双手抱药箱的医童。

整个画面的气氛显得非常沉闷、紧张。襁褓中的婴儿看上去目光晦暗、精神不振、反映迟钝、呆若木鸡，表明病症严重；抱患儿的中年侍女，愁锁双眉，如痴如呆地望着患儿，显示其内心的忧虑；坐在胡床上的贵妇，焦急万分，如坐针毡；院内正引导医生的年轻侍女，因为请来了医生，虽然也愁眉、焦急、担心，但似乎满怀希望；而那位老者医生，他正急病家所急，快步走入院落，顾不得观赏奇石垂柳，正在默运神机，准备抢救婴儿；怀抱药箱的医童，紧跟老医生，随时准备听从召唤。

图 41　盛唐第 217 窟南壁　得医图

画面中六个人的心理活动刻画得活灵活现，情景交融，生动表现了当时的就医场面，尤其是贵妇人和两个侍女都具有鲜明的个性特征，把不同身份、年龄的女性心理都表现出来了。

图 42　盛唐第 217 窟南壁　得医图　欧阳琳临

抱小孩施尿的母亲

榆林窟宋代第 38 窟西壁《弥勒经变》婚礼图中，有一个有趣的画面，在热闹的婚礼场面旁侧，画有一妇女身穿大袖襦和长裙，双手抱着一裸体婴儿，蹲在距离人群较远的旷野中，为婴儿施尿（图 43、图 44）。

这个画面具有非常浓厚的生活气息，不过古代画家描绘此内容也是有佛经依据的。据西晋竺法护译《佛说弥勒下生经》说在弥勒世界里："彼时男女之类，意欲大小便时，地自然开，事讫之后，地便还合。"

已故敦煌学专家史苇湘先生在研究敦煌壁画《弥勒经变》时也注意到这类画面，他在《论敦煌佛教艺术的想象力》中说："如《弥勒下生经》里说的'便利'（入厕）与'寿终'这两大无法避免的生活'弊病'，要画入壁画，艺术想象力是不能回避的，特别是拉屎撒尿，是一个使匠师们犯难的题目，在如此'庄严''神圣'的大经变里描画人们如何入厕，终不是'雅事'，但古代艺术家们却并不为此感到棘手，榆林窟第 38 窟《弥勒下生经变》里在婚娶图旁边，画着一位青年母亲抱着一个婴儿拉尿。另一幅同题壁画上画了几个小孩在旷野里挺着胖肚子撒尿，大地裂缝承受。"再如盛唐第 148 窟南壁中的婚礼图，在不远

榆林窟第38窟北宋弥勒变之
嫁娶圖
歐陽琳臨摹

图 43 榆林窟宋代第 38 窟西壁 婚礼图 欧阳琳临

◀ 图 44 榆林窟宋代第 38 窟西壁 婚礼图中抱小孩施尿的妇女 欧阳琳临

▼ 图 45 盛唐第 148 窟南壁 婚礼图

处宽阔的场地上绘有一位母亲双脚蹲下抱着小儿施尿的画面，从画面上还能依稀辨出母亲胸前的小儿身着背带开裆裤，双手向两边伸开，把小儿调皮活泼的样子呈现了出来（图 45、图 46）。

从壁画和相关佛经内容我们可以得知两点：一是古代画工没有回避人们的大小便问题；二是渴望有一个干净卫生的生活环境，幻想用大地裂开再合拢的方法来处理粪便等污物。壁画中的妇女抱着孩子远离婚礼场面，远离人群到偏僻的旷野为孩子施尿，应该说这在一定程度上反映了古代敦煌人的卫生意识。

敦煌壁画中有“婚礼图”近 40 幅，但绘有妇女抱孩子施尿的画面不多，故非常珍贵。

图 46　盛唐第 148 窟南壁婚礼图中抱小孩施尿的妇女

陪伴孩子骑牛出行的妇女

初唐第323窟南壁绘的佛教史迹画《西晋吴淞江石佛浮江》，描绘了西晋建兴元年（313年）时，吴淞江里飘来两身石佛的场景，题记中有“石佛浮江，天下希瑞”。有巫祝和道士设醮迎接而风浪不止；后有佛教徒将石佛迎至通玄寺供养。

这幅图中有一幅祖孙二人骑牛的画面非常有趣：迎佛的人群中，一中年男子在前面牵牛，牛背上坐着一老妇和一小孩，一中年妇人身背婴儿紧跟在牛屁股后面。从形象上看，牵牛者可能是骑牛小孩的父亲，牛背上的老妇可能是小孩的奶奶，跟在牛屁股后面的中年妇女可能是小孩的母亲。画面中，笨拙的大水牛蹒跚而行；牛背上，奶奶头梳髻，身穿绿色长裙，上身微微前倾，一手紧紧拉着缰绳，一手持花，眼睛颇为紧张地盯着前方；小孙子身穿短袖衣，左手紧紧抓住奶奶的腰，头部朝后，右手也往后伸，似乎在呼喊后面的母亲；母亲头梳髻，上穿绿色窄袖衫，下穿赭黑色长裙，微微弯着腰，背着小婴儿，一步一步地跟在牛屁股后面（图47）。画面中几个人物的形象都非常生动，特别是两位妇女的神态让人一眼就感受到奶奶与孙子之间和母亲与孩子之

图 47　初唐第 323 窟南壁　《西晋吴淞江石佛浮江》

间的亲情关系。

该窟南壁另一幅佛教史迹画《东晋杨都金像出渚》图中，也绘有一组迎佛的人群。其中有的骑着水牛，有的骑着毛驴，一起奔向江边。一老者骑在一牛背上，做驾驭状；一孩童则站立在牛背上，左手扶在驭牛老者的左肩上，兴奋地用右手遥指江中船上的佛像，看上去这像是祖孙俩。水牛的后面有一骑着毛驴的中年男子，一边催赶毛驴，一边用手遥指江边，看上去像是孩童的父亲。另外画面上侧站着三位妇女，正手捧莲花，双手合十向江中的佛像礼敬。这三位妇女中有一老妇像是孩童的奶奶，一中年妇女像是孩童的母亲，另一年轻女子则像是老妇之女，即孩子的姑姑。虽然孩子站立在牛背上的动作很危险，但几位妇女却并不担心，而是任其自然（图 48）。这个情景，如果用当代人的眼光看似乎不合情理，其实这非常符合历史的真实性。就在二三十年前，绝大多数家庭的父母对孩子的娱乐玩耍也大都顺其自然，并不像现在的父母随时随地都对孩子的安全提心吊胆。

这两幅图，是古代社会的父母（包括祖辈）与孩子出行游玩时真实情景的生动写照。

图 48　初唐第 323 窟南壁　《东晋杨都金像出渚》

母亲挺身保护女儿

这是盛唐第 217 窟东壁根据《观世音菩萨普门品》描绘的“离淫欲”画面。据佛经说，如果有人陷入情欲，只要念观世音菩萨的名号，就能离开情欲。

盛唐第 45 窟南壁也有关于“离淫欲”的画面，但描绘的是一个女子等待自己心爱男子求爱的情景。在第 217 窟的这幅画中，所描绘的内容与前两幅则有很大不同，主要表现一位母亲保护自己女儿不受伤害的情景。

画面中，一位头戴幞头、身穿襕衫的男子，双手持笏躬身面向两位女子。两位女子都头梳高髻，但前面女子的年纪较大，上穿交领赭色窄袖衫，下穿束腰赭色花裙，衣裙的色彩较深，头微低，双手合十于下颌前。后面的年轻女子上穿蓝色半臂衫，下穿束腰红色花裙，衣裙的色彩较为鲜艳，右手紧紧抱住前面女子的手臂，左手朝后抱着自己的头脖，表现出害怕恐惧的神态（图 49）。

从描绘的人物形象来看，男子可能是在向年轻女子求爱，女子可能感到这是被骚扰因而受到惊吓，赶紧躲在母亲身后，一手抓住母亲的手臂，一手抱住自己的头部；母亲此时挺身而出，挡在自己女儿的前面，同时用自己认为最有效的方法，即双手合十口念观世音名号，求助于菩萨保佑。

画面中，女儿那畏缩在母亲身后的动作和神态描绘得非常生动，将一个年轻女子遭遇到男人骚扰时担惊受怕的心理刻画得淋漓尽致。同时母亲站在女儿前面那毫不畏惧的形象，也让人感到母爱的伟大。

◀图 49 盛唐第 217 窟东壁 离淫欲

捉食他人孩子的鬼子母

鬼子母，梵文音译为诃利帝母，又称为欢喜母或爱子母。据佛经说，古代印度王舍城有独觉佛出世，为此人们举行庆贺会。有五百人在赴会途中遇一怀孕的牧牛女子，就劝其一同参加。在宴会中，女子因跳舞而流产，但这五百人竟然都对她弃之不顾。于是女子发下毒誓，来生要投生王舍城，食尽城中小儿。后来她果然应誓，投生王舍城后生下五百儿女，日日捕捉城中小儿来喂养自己的孩子。人们因此感到非常恐惧，称其为鬼子母。

释迦牟尼佛听闻此事，便施展神力，将她的一个儿子藏匿在饭钵中。鬼子母发现孩子不见了，便以神通到处寻找，都无法找到自己孩子的踪影，最后只好来向佛求救。佛对她说："你有五百个孩子，丢失一个孩子都如此悲痛。而其他人仅有的一两个孩子，都被你杀害了，难道你不知道受害小孩的母亲之痛吗？如果你发誓永不再杀害人间的小孩，我便把你孩子放出来！"鬼子母答："我是以杀害婴孩为食的，如果我不杀害他们，我的孩子吃什么活命呢？"佛答："好！只要你立誓永不加害婴孩，我的僧众便从此每天施食予你们！"

自此，释迦牟尼佛的僧团便有了每次用餐时先布施食物予饿鬼的传统。而这位受到佛祖慈悲教化的鬼子母，后来被称为“鬼子母神”，是佛教的护法神之一，后来逐渐演化成了妇女、儿童的保护神。因此，鬼子母最初是头发耸立的夜叉形象，后来演变为慈祥的圣母形象。

在中唐第158窟西壁《涅槃经变》中绘有一幅鬼子母的画面，绘

图50　中唐第158窟西壁　《涅槃经变》中的鬼子母

图 51–1　中唐第 159 窟西壁北侧　《文殊变》中的鬼子母

图 51–2　藏经洞出土的唐代纸画　鬼子母

一头发竖立、龇牙咧嘴、肌肉发达的夜叉，怀抱一胖乎乎、右手握水果的婴孩（图 50）。

又如中唐第 159 窟西壁北侧《文殊变》中所绘的鬼子母，头发上竖，脸露笑容，双手交叉托抱一个白白胖胖的裸体婴儿，婴儿面带笑意，用他的一只小手去挠鬼子母的脸颊，画面上的鬼子母和蔼可亲，开心快乐（图 51–1）。

又如敦煌藏经洞出土的唐代彩色纸画，为药师净土变的残片，画面中，鬼子母眼睛看着手中站立的一胖墩墩的裸体小儿。小儿双手前伸，身体前倾，面带微笑，似乎想去拥抱鬼子母。鬼子母也面带微笑，张嘴露齿，舌头微伸似在逗弄手中小儿（图 51–2）。

鬼子母为了自己的孩子而捉食他人孩子，真实表现了作为一个母亲的复杂心理。

端正王判案：二母争子

五代第98窟北壁屏风画《贤愚经变》“端正王本生故事”画中，还有一个“二母争子”的故事。

故事说，端正王判了檀腻奇与邻居、马吏、木匠、酒店女主人、织布老人之子的案件后，接着又审理两个妇女争夺一小儿的案件。当时檀腻奇还未退走，准备答谢国王。此时，两个妇女走进王庭，为一个小儿争夺不休，她们都说小儿是自己所生。端正王见这两个妇女各执一词，于是告诉她们：“把儿子放在中间，你们各挽小儿一只手，用力拖拽，谁能把儿子拉到自己身边，谁就是生母。”

生母唯恐伤害婴儿，不肯用力。另一个女人则不顾婴儿的疼痛，将婴儿拽进怀里。国王说：“爱惜亲子是人之常情，不忍心用力的，才是生母。”于是将婴儿判给了未用力的妇女。另外一位妇女便以实相告自己的骗子之心，承认了自己的错误，端正王于是将两人都放走了。

第98窟壁画中所绘“二母争子”的情节，画面简单，仅绘二身穿宽袖长裙的妇人领一孩子，站在上身赤裸、下穿短裤的檀腻奇面前（图52）。

图 52　五代第 98 窟北壁　二母争子

“二母争子”这种内容的故事，是古今中外文艺作品中的热门话题。基督教《旧约全书·列王记》、我国东汉《风俗通义》、元代李潜夫杂剧《包待制智勘灰栏记》、德国近代作家布来希特戏剧《高加索灰栏记》等都以“二母争子”为主题。虽然争子的原因各有不同，但处理亲子的方法都与端正王判案相同，都是根据纯真的母爱之心而做出判决。

婴儿被人压死，却得不到赔偿

五代第98窟北壁屏风画《贤愚经变》“端正王本生故事”中，有一个母亲的婴儿被人压死后却得不到赔偿的故事。

据《贤愚经》记载，古印度有一大国国王，名端正。他以道化治国，深得百姓爱戴。国中有一婆罗门名叫檀腻奇，向邻居借牛碾谷，归还时，未向邻居声明还牛，便直接将牛系在邻居门旁的大树上。牛主人虽见牛，但以为檀腻奇还要用牛，所以没有将牛赶进圈内。不久，牛挣脱绳索跑了。邻居见檀腻奇迟迟不来还牛，上门索要。檀腻奇说他已经把牛还了，邻居说没有。两个人相互指责，争吵起来，只得去找国王评理。

途中，遇见国王马吏正在追赶一匹逃跑的马，呼唤挡马，檀腻奇掷石把马腿砸断了。马夫害怕国王怪罪，也抓檀腻奇去见国王。

三人行到河边，见一位木匠两手塞衣挽裤，口中衔着斧头，准备过河。檀腻奇问木匠渡口在何处，木匠张口回答，斧头一下坠入水中，遍寻不得。木匠也揪住檀腻奇去找国王评理，要求赔偿。

一日之间数案缠身，又没有吃饭，檀腻奇饥渴难忍，就在途中小酒馆买了点酒，坐在床上自饮。不料床上被子下睡有酒店女主人的婴儿，檀腻奇将婴儿压死了。婴儿的母亲突然丧子，悲痛欲绝，要求檀腻奇赔她的儿子。于是牛主人、马夫、木工、婴儿的母亲一起拉着檀腻奇赶赴王宫。

快到王宫时，檀腻奇心里暗想：我众案集于一身，如果到了王宫，必死无疑，还是逃跑吧！当行至墙边时，他摆脱众人翻墙而过，谁知又压死了一位正在墙根织布的老人。老人的儿子见父亲无端丧命，抓住檀腻奇，也要送他到国王端正那里。

五位事主和檀腻奇一行六人到了王宫，事主一一向国王禀告了檀腻奇的过失，檀腻奇也一一做了解释。端正王听完后，逐一进行了裁决，说："你们都有不对的地方，都该判刑罚：檀腻奇不说明还牛，应该割掉舌头；牛主人见牛而不收圈，应该剜去双眼；马吏让檀腻奇堵

图 53　五代第 98 窟北壁　檀腻奇与酒店女老板

马，应该断舌；檀腻奇打断马腿，应该砍手；木匠不用手拿斧头，而用口衔，不合情理应该打掉门牙；酒店女老板把婴儿放在客人坐的地方，自己也有过失，现在既然婴儿死了，那就让檀腻奇与你婚配，再生一个儿子吧；织布老人的儿子失去了父亲，实在非常值得同情，那就让檀腻奇当你的父亲好了。”

各位事主听到判决，都大吃一惊。虽然檀腻奇受到了惩罚，但对自己而言，则大不利，尤其是酒家老板的妻子和织布老人的儿子，不仅一无所得，反而将自己赔给檀腻奇当妻子、当儿子，弄得血本无归。于是众人都撤诉回家了。

第98窟壁画“端正王本生故事”中绘借牛、问渡口、酒店饮酒、压死织布老人、端正王判案等情节。其中酒店饮酒的画面中，檀腻奇赤裸上身，面带愁容，与之对坐的身穿大袖长裙的妇女，便是酒店女主人，即被压死的婴儿之母亲（图53）。

儿子偷盗判死刑，母亲向佛求情

五代第72窟西壁龛内屏风画中，根据《贤愚经》绘有一位母亲因儿子犯偷盗罪被判死刑、向佛求情的画面（图54）。

据佛经说，佛住在舍卫国祇树给孤独园时，一次到了乞食的时间，佛陀穿着袈裟、手持饭钵，领着阿难进城化缘。当时有一位老母亲有两个儿子偷盗成性，结果被财主抓获，送到官府被判了死刑。在出城赴刑场的路上，正好碰见佛陀，这位母亲赶紧向佛陀求救，望佛陀怜悯自己，救救两个儿子的性命。同时率领两个儿子跪在地上，向佛陀不断叩头哀求。

佛陀被这位母亲的母爱精神所感动，于是派阿难去向国王求情。国王遵从佛陀的意愿，释放了他们。后来这母子三人一心信佛修行，终成正果。

画面中，释迦牟尼佛在城外一手持锡杖、一手托钵，做行乞状，身旁有两个弟子跟随。有两名公差正押解着一位妇女和一个带枷锁的男子出城行刑。城内阿难奉佛旨，请求国王赦免两名盗贼之罪。画面所绘与佛经内容略有差异，仅绘出母亲的一个儿子，并描绘母亲也一同被押解。

在现实社会中，确实有许多母亲在儿子违法犯罪后，竭尽己力四处托人设法解救的情况。

图 54　五代第 72 窟西壁龛内　母亲向佛求情

贫女难陀买油供佛

佛陀住在舍卫国祇树给孤独园的时候，这个国中有一个名叫难陀的女人。她生活非常贫穷，孤身一人，四处流浪，靠乞讨为生。她常常看到国中王公贵戚和大小臣民，几乎所有的人都备办斋饭供养佛陀和众僧。心中暗自思量："我前世罪孽深重，以致今生处于贫穷卑贱之中。今世遇到佛陀，虽犹如拥有肥沃的土地却没有种子一样。"

难陀想到此处，心酸感伤，深深忏悔自责前世的罪孽。同时也想给佛陀和众僧做点微薄的供养，于是四处乞讨。她每日不停地乞讨，终于得到了一分钱，便拿着这一分钱到卖油者家中，想用这一分钱买油。

卖油者说："一分钱买的油，什么也做不成，你想用它做什么呢？"

难陀就把她买油供佛的想法全部告诉了卖油者。卖油者可怜同情难陀，就加倍给了难陀一些油。

难陀得到油后，心中非常高兴，将所得之油盛足一灯。她双手捧着油灯，来到祇园精舍供养佛陀。把油灯放在佛陀面前的众灯之中，自立佛前，发誓祈愿："如今我很贫穷，只能用这样的小灯供养佛陀，希望这样的功德，能让我来世得到智慧和光明，灭除凡人的愚昧和黑暗。”难陀发誓之后，便向佛陀致礼而去。

过了整整一夜，所有供灯全部熄灭，唯有难陀供奉的这盏油灯仍然明亮。当时正好轮到佛弟子目连值班，第二天，目连发觉天亮，便去收拾灯盏供具，看到这盏油灯独燃发光，连灯油和灯芯都无减损，就如新点燃的一样。目连心想：白日点灯，没有什么用途，就举手想扇灭此灯。可这灯火焰如故，一动不动，怎么扇也扇不灭。目连见灯不灭，又用衣服去扇灭油灯，油灯还是照样不灭。佛陀看到目连要扇灭此灯，就对目连说：“如今这盏油灯，不是你们声闻弟子的神通力所能熄灭的。就是你用四大海水浇灌它，让巨大的山风吹卷它，也难以把它熄灭。这是什么缘故呢?是因为它是一个心地善良、发下宏愿、广济众生的人所供的油灯。”

佛陀刚对目连讲过此话，贫女难陀就来到佛陀面前，叩头施礼。佛祖即给难陀贫女授记：“你在未来之世的很久很久以后的一百劫之中，可以成佛，名叫灯光，十号具足。”

难陀贫女得到佛陀的授记之后，心中万分高兴，长跪佛前，请求出家。佛祖即便答应，让她作为比丘尼加入僧团。

莫高窟五代第 98 窟北壁屏风画中绘制有这个故事。

一个妇女的悲惨遭遇

图 55 北周第 296 窟 微妙与第一任丈夫回娘家

北周第 296 窟西披和北披的《微妙比丘尼缘品》，描绘了一个印度妇女的悲惨故事。

据佛经说，曾有一个美貌的女子名叫微妙，嫁给一位门当户对的婆罗门青年。生下第一个孩子不久，公婆相继去世。第二次怀孕时，丈夫护送她回娘家分娩（图 55），不料中途早产，只得露宿树下，没想到到了夜晚，血腥味招来毒蛇，咬死了丈夫。微妙强忍悲痛，身背大儿子，怀

图 56　北周第 296 窟　微妙带孩子渡河

抱婴儿，继续赶路。途中又遇河水猛涨挡道，微妙让大儿子在河边等待，先将婴儿送到对岸放下，回来再接大儿子。孩子见母返回，急忙迎上前去，不料失足落水，被河水冲走。待微妙再回到河对岸，却发现小儿子已被饿狼咬死吞食（图 56）。转瞬间，夫亡子丧，只剩微妙孤身一人投奔娘家。途中又遇一位娘家的老邻居，告知微妙娘家失火，全家人都被烧死，无一生还。老邻居怜她无家可归，便带她回自己家中，如亲生女儿般对待。不久，微妙改嫁给邻家一无业酒徒。一天夜晚，酒徒醉醺醺回家，恰遇微妙卧床分娩，无法起床开门，酒徒便破门而入，对微妙拳打脚踢，并油煎刚出世的婴儿逼微妙吞食（图 57）。微妙不堪忍受，夜半出逃，路过一墓园时，遇到一位为新丧妻子上坟的长者子，二人同病相怜，患难相依，又结为夫妇（图 58）。然新婚仅七日，

图 57　北周第 296 窟　微妙被第二任丈夫虐待

图 58　北周第 296 窟　微妙与长者子成婚

长者子暴病身亡。按照当地风俗，丈夫死后妻子必须殉葬，于是微妙被活埋。夜间贼来盗墓，微妙侥幸复活。贼首见微妙貌美，强迫为妻。不久贼首犯案，被判以死刑（图 59），微妙又被活埋。荒野中，饿狼扒冢吃尸，微妙再次生还。历经劫难，微妙不知如何活下去，于是去找佛陀哭诉自己的悲惨遭遇，最后被佛度为比丘尼。

据佛陀对微妙的说法，她之所以有如此等等遭遇，是因前世曾用铁针刺入丈夫小妻所生婴儿的脑门，致其死亡，并发毒誓不承认，现在的遭遇便是前世所发毒誓的报应。

在第 296 窟中，该故事画全长 312 厘米，高 42 厘米，画面分上下两层，故事情节作锯齿形上下铺叙，从美学角度讲，“锯齿形状通常包含有痛苦和紧张”的氛围。故事从微妙前世害死婴儿，小妻质问大夫人，大夫人指天发誓，到微妙现世所受一一苦难，佛祖为其说法受戒为止，共画 23 个情节，首尾俱全，因果关系清晰。

微妙比丘尼故事的原始素材，产生于印度奴隶社会，也正是释迦牟尼创立佛教的年代。当时各种姓的妇女，都仅仅是丈夫的财产之一，根据《摩奴法论》记载，女子幼时由父亲监护，壮时由丈夫监护，老时由儿子监护，任何时候都不能独立。无论被出卖，或被离弃，妻子都不能从丈夫那里解脱。

微妙三次被迫改嫁，两次被无辜活埋，家破人亡，走投无路，反映了印度社会底层的妇女被迫害摧残的悲惨遭遇。

图 59　北周第 296 窟　微妙的第四任丈夫贼首被处决

在地狱中遭受折磨的目连之母

榆林窟五代第19窟前室甬道北壁所描绘的目连救母故事，除了宣传孝道外，同时也描写了一个妇女死后在地狱遭受各种痛苦折磨的情景。

据佛经说，目连的母亲青提夫人，家中甚富，然而吝啬贪婪，儿子却极有道心且孝顺。其母趁儿子外出时，天天宰杀牲畜，大肆烹嚼，不念子心，更是从不行善。

目连之母死后被打入阴曹地府，受尽苦刑的惩处。目连为了救母亲而出家修行，得了神通，到地狱中见到了受苦的母亲。目连心中不忍，但以他母亲生前的罪孽，终不能走出饿鬼道，给她吃的东西没到她口中，便化成火炭。

目连无计可施，十分悲伤，又祈求于佛。佛陀便叫目连于七月十五日建盂兰盆会，借十方僧众之力让母吃饱。目连乃依佛嘱，于是有了七月十五设盂兰供养十方僧众以超度亡人的佛教典故。目连母亲得以吃饱转入人世，生变为狗。目连又带着变为黑狗的母亲到佛塔前，转诵了七天七夜的大乘佛经，使他母亲脱离狗身，进入天堂。

图 60　榆林窟五代第 19 窟前室甬道北壁　目连救母（局部）

据敦煌变文《目连缘起》中描述，目连母亲在地狱中，“一日万生万死，或刀山剑树，或铁犁耕舌，或汁铜灌口，或吞热铁火丸，或抱铜柱，身体焦燃烂坏，枷锁杻械，不曾离身，牛头每日凌迟，狱卒终朝来拷，镬汤煎煮，痛苦难当”，受尽了无穷无尽的折磨。

榆林窟第 19 窟的壁画中，描绘了目连“父母双亡、守孝”“天宫寻父”“过阎王殿”“到奈河上”“到五道将军处”“遍寻地狱，依次过刀山剑树地狱、铜柱铁床地狱”“母亲转生饿鬼”等情节。在“过阎王殿”的画面中，有几个鬼卒舞刀使棒，正在驱赶几个戴枷的亡人。行进在最前面的一个女鬼，无枷，做回头状，赤裸的右腿鲜血淋漓，这便是目连的母亲（图 60）。

妇女再嫁随己意

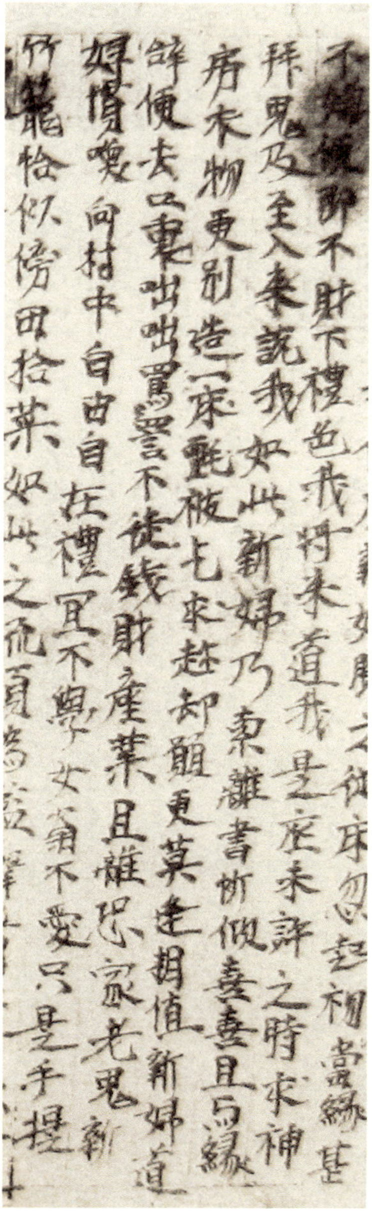

图61 P.2564写卷（局部）

唐朝时期，敦煌民间妇女与男子的地位相对较为平等，所以也经常有妇女主动提出离婚，并按照自己的意愿改嫁的。如敦煌变文S.4654、P.2721《舜子变》中云："后阿娘亦见舜子，五毒嗔心便起。自从夫去辽阳，遣妾勾当家事，前家男女不孝，东家酒席常开，西院书堂常闭，夜夜伴涉恶人，不曾归来宅里。……解事把我离书来，交我离你眼（远）去。"这自然是后娘提出的要挟之词，她提出离婚的目的，是想迫使瞽叟去杀舜。又如S.4129、

P.2564、P.2633《齖魺书》云："新妇乃索离书：'废我别嫁可曾夫婿。'翁婆闻道色（索）离书，忻忻喜喜。且与缘房衣物，更别造一床毡被，乞求趁却，愿更莫逢相值。新妇道辞便去，口里咄咄骂詈：'不徒（图）钱财产业，且离怨家老鬼。'"（图61）这也是"齖魺"妇提出的要挟之词，她提出离婚的目的，是想迫使不务正业的丈夫改邪归正，果然丈夫向她认错，她又回到家中。虽然上述两例中的女子都是以离婚为要挟试图达到她的目的，但从中也可以看到当时的妇女可以主动提出离婚。

唐朝时期，对寡妇改嫁持开明态度。《通典》卷八九"父卒为嫁母服"中记载："父卒母嫁当服周。"儿子对改嫁的母亲，其丧服是一周年，如不改嫁是三年，这明显是对寡妇改嫁的贬抑。据《通典》卷八九"齐缞杖周"记载，至天宝六载才敕文："虽存出母之制，顾复之慕，何伸孝子之心。其出嫁之母，宜终服三年。"这才为寡妇的改嫁取得了合法、平等的地位，但寡妇改嫁应在三年服制满后。但夫妻的丧制无平等可言，"妻为夫斩缞三年""夫为妻齐缞杖周"，在时间上丈夫为妻守丧只一年，而妻子为夫守丧则需三年；在丧服上夫为妻是齐缞，而妻为夫是斩缞。齐缞与斩缞从表面现象看只是丧服的缉边与毛缝之差，但实质上二者在丧制上却有着级别、轻重之分，斩缞是五服中最重的一种，与父母之丧相同；而齐缞虽在五服之内，但次于斩缞。据《唐会要》卷八三"嫁娶"记载："妻丧达制之后，孀居服纪已除，并须申以婚媾，令其好合。"在服制满后，夫妻均可婚嫁。

敦煌文献中的《放妻书》大多鼓励离婚后的妇女再嫁，如P.4525《放妻书》云："自后夫则任娶贤妻，同牢延不死之龙；妻则再嫁良媒，

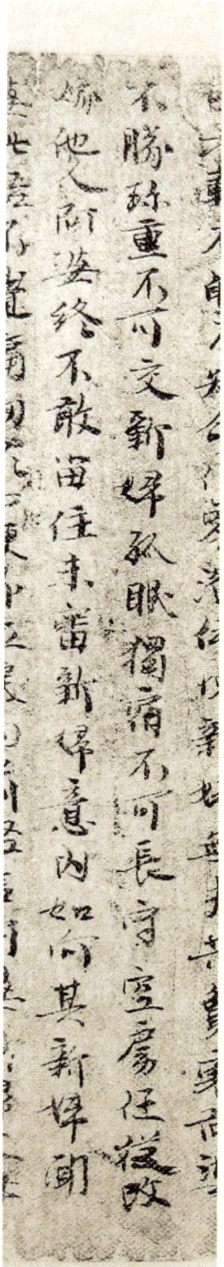

图 62　S.0133 秋胡变文

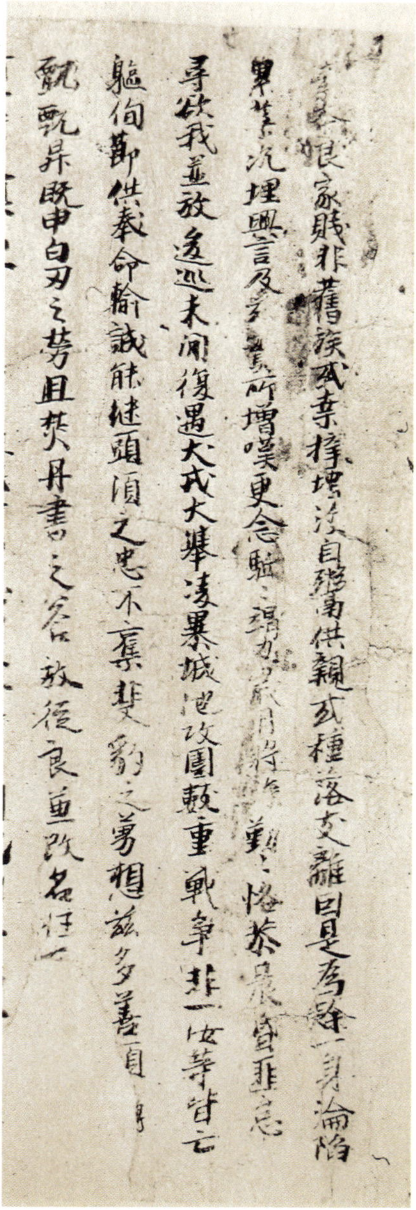

图 63　S.5706 放良书

合卺契长生之净虑。”S.0343《放妻书》云：“愿妻娘子相离之后，……选聘高官之主。”P.3730v《放妻书》云：“相隔之后，更选重官双职之夫。”P.3212v《夫妻相别书》中云：“自别已后，愿妻再嫁富贵得高夫。”

S.0133《秋胡变文》中，秋胡几年不归，秋胡母便劝秋胡妻：“不可长守空房，任从改嫁他人。”（图 62）可见当时敦煌地区对于妇女改嫁之事，实属司空见惯。

对于丈夫身亡的情况，妻子只要写一份《放良书》祭奠亡者，即可改嫁。如S.5706《放良书》中第一段是女子本人自述来此为妾的经过；第二段谈及其家庭破灭的原因是“犬戎大举，凌暴城池，攻围数重，战争非一，汝等皆亡”，同时说明她改嫁的原因；第三段表达了她要在逆境下生存下去的决心，为此“放从良兼改名”，即与亡夫脱离关系，改嫁从良，并获得改名的权利（图 63）。

敦煌壁画所绘内容也对妇女改嫁持宽容态度，如北周第 296 窟和晚唐第 85 窟《微妙比丘尼缘品》中详细描绘了微妙三次改嫁的过程，第一次是她丈夫被毒蛇咬死后，两个儿子也相继去世，娘家人又都被火烧死，走投无路的情况下嫁给一个无业酒徒；第二次是微妙不堪忍受酒徒的虐待，逃离后和一长者子结为夫妇；第三次是长者子暴病身亡后，微妙按当地风俗被殉葬活埋，又被盗墓的贼首强迫为妻。虽然该故事反映了一个妇女的悲惨遭遇，但对其多次改嫁的情况则认为属于正常。

总之，从文献和壁画中都可以看到，当时敦煌地区妇女改嫁的情况非常普遍。

差点被儿子杀死的王后

盛唐第45窟、171窟、172窟等洞窟中，都有根据《观无量寿佛经》描绘阿阇世王子追杀自己母后的画面，这就是著名的因果报应故事“未生怨”。

据佛经说，从前，印度摩揭陀国国王频婆娑罗年迈无子，请来相师占卜。相师说，山中有一道人命终后，会投胎为你的太子。国王求子心切，派人杀死道人。道人死后却投生为白兔，国王又派人杀死白兔。白兔死后，王后果然有孕，后来生一太子，取名阿阇世。阿阇世太子长大以后，听信提婆达多的谗言，举兵政变，篡夺王位。将其父频婆娑罗王囚禁在七重室内，欲令其饿死。王后韦提希夫人，每日以探监为名，将蜂蜜炒面涂在身上，带到监牢内供给国王充饥。国王在牢内，每天遥礼释迦牟尼。释迦牟尼得知后，派遣弟子富楼那降入牢内为国王说法。时经三七二十一日，国王不但不死，而且精神旺盛，红颜悦色。阿阇世王子获知父王不死，是母后所为，心起恶意，杀死父王后，欲杀母后。在大臣们的劝阻下，才没有杀死母后。后将母后也幽闭于深宫，不准外出。韦提希夫人在深宫暗室内，遥礼灵鹫山，向佛祖祈祷。释迦牟尼得知后，和弟子目连、阿难一起来到韦提希夫人面前，为其讲经说法，并让韦提希夫人知道国王和自己遭受苦难，皆是前世因缘所造。随后，韦提希夫人便一心修行佛法。

第 45 窟北壁东侧所绘“未生怨”，由下而上分为四段，第一段画阿阇世太子问守门人父王的情况，被告知王后身涂蜜、面，用璎珞盛浆，前往幽闭处私探国王；第二段画阿阇世太子手持利剑欲杀母后；第三段画王后韦提希夫人被幽囚，向佛遥拜，于是佛前来现身说法；第四段画佛嘱咐阿难告诉韦提希如何修行（图 64）。

图64　盛唐第45窟北壁东侧　未生怨

因容貌丑被锁深宫的公主

五代第98窟南壁屏风画中，描绘了《贤愚经》中一个丑女变美女的故事。

据佛经说，波斯匿王没有儿子，只有一个奇丑无比的女儿，名叫波暗罗。波暗罗长得头大腰粗，皮肤黑皱粗糙，五官歪斜。虽早已到了出嫁年龄，但总没有人来求亲。国王为此深感忧虑，所以选择了一个无父无母的贫穷青年，向他讲明公主之丑后，招为驸马，赐予高官厚禄，并为之建造了有七道大门的宫殿，让驸马将公主深锁宫内，不让外人看见。

驸马每次外出参加宴会都是独自一人，而其他官员都带着夫人。众人觉得奇怪，问他为什么，他总是避而不答，最后在众人追问下，只好说出公主太丑的原因。众人将信将疑，有一天，几个好事的青年官员将驸马灌醉，然后偷偷潜入宫中偷看，却发现公主并不像驸马所说的奇丑无比，而是美丽无双。于是跑回去指责驸马欺骗大家，并述说了入宫偷看的经过。驸马不信，但回宫后，发现站在面前的是一位丰肌秀骨、玉面微红、脉脉含情的美丽少妇。定睛一看，确是自己的妻子。他大为惊奇，不知是怎么回事。

原来，公主是一位虔诚的佛教徒，被关在宫中时，天天吃素念经，焚香请佛，祈求赐给她美丽容颜，由于心诚感动佛陀，最后终于如愿以偿。

驸马将此事转告国王，国王与王后欢喜异常，接女还宫。此后，驸马与公主相爱益深，同进同出，共享荣华。

壁画中，自上而下描绘了“成亲”“驸马与大臣交往”“驸马醉酒”“丑女请佛”“大臣偷窥”“回宫”“佛说因缘”等七个情节（图65、图66）。

这个故事虽然揭示了人类的爱美共性，但却暴露了王室的虚荣与冷酷，身为公主的波暗罗因为貌丑而被长期锁闭在深宫中，失去了起码的人身自由。

图65　五代第98窟南壁　众大臣携女眷赴宴和驸马醉酒

图66　五代第98窟南壁　佛陀把丑公主变成美女

迦旃延教老母卖贫

在古印度阿梨提国，有一位家产万贯的富豪长者，虽然他资产无数，但仍是贪财吝啬，而且凶狠残暴，没有一丁点儿慈悲之心。他的家中有一老婢女，日夜辛勤劳作，从来得不到休息，稍有过失，就会得到主人的责骂和鞭挞。这位老婢女常常是衣不遮体，食不果腹。

老婢女有时想干脆一死了之，可又死不了。一天，她提着盛水的瓶子到河边打水，想到自己艰辛的生活，忍不住放声大哭了起来。就在这时，佛弟子迦旃延路过这里，便问她为什么哭得这样伤心？老婢女回答说："尊敬的人啊，我已经老了，还每天都要干苦役差事，而且更加穷困，衣食不足，想死无门，所以才这样啼哭。"

听老人诉说了自己的遭遇，迦旃延说："你既然这么贫困，那你为什么不把这贫困卖掉呢？"老妇人问："贫穷怎么能卖？谁又会买它呢？"迦旃延说："如果要卖掉贫穷，一切都要按照我说的去做。"老妇人同意后，迦旃延让老妇人先洗浴，然后取出自己的食钵，请老妇人用这钵去取一点净水来。老妇人取来净水后，将钵呈给迦旃延，迦旃延接过钵，让老妇人许了愿，教她受了斋，又教她诵经念佛，还教老人不管做什么事都应踏实，不要抱怨，勤勤恳恳做事。

老婢女牢记迦旃延的话，回到主人家后不久便死了。她死后，被主人弃尸荒郊野岭，但灵魂却升天成了一位男性天神。

这位由老婢女死后变成的男性天神，虽然在天上享受快乐，但并不知道自己过去的因缘。舍利弗便前来点化他，带着这位天神和其他天人下凡到了老妪横尸的那片树林里。

舍利弗指着那具老妪的尸体，对天神说："这就是你的前身，因为受苦太重、后来遇上迦旃延，得到他的指点后，你才摆脱痛苦投生天国。"这位天神经舍利弗指点迷津后，顿时大悟，急忙撒花烧香供奉那具老妪的尸体。

天神在此撒花烧香，大放光明，照耀了树林和周边村庄。老婢女的那个恶主人也随村人好奇前来，看到许多天人在烧香供奉这具死尸，便问："这具奴婢的尸体又脏又臭又难看，她活着的时候，人们都讨厌她，为什么你们天神反而要供奉她呢？"

天神此时知道这富人就是曾经给他的前身吃过苦头的那个主人。天神正好借机讽刺他一下，于是，天神把前后经过原原本本地讲述了一遍。

天神的话让这位富人听得心惊肉跳，面红耳赤。其他旁观的人也都鄙视他的为人，同时又为老妪投生天国而感到欣喜和羡慕。

由于古代社会妇女地位低下，佛教便宣传妇女虔诚信佛便有可能转世成为男子。

盛唐第217窟南壁描绘了这个故事。画面中，一片青翠的山谷，流泉杂树，乔木蔽日。柳树下躺着一具白骨，旁边有一身穿红色襕衫

图 67　盛唐第 217 窟南壁　供养死尸

的男子，躬身双手伸向白骨。另一身穿红色襕衫的男子跪在一毯子上，面对尸骨双手合十叩拜。一股云烟从尸骨旁侧冉冉飘向天空，有一头戴白色幞头身穿红色襕衫的男子端坐在升腾的云彩上，代表尸体的灵魂升天了（图 67）。

图中的白骨是老婢女的尸体，两个穿红色襕衫的男子是撒花烧香的天神，云彩上端坐的男子便是由老婢女升天转世后的情景。

不过，也有学者认为这个画面表现的是《法华经》中的内容，说是如果女人常常聆听《法华经》中的“药王菩萨本事品”，坚持修行，命终之后，即可往生天国并转为男子。图中的尸骨，表示女人命终；乘云扶摇升到天空者，表示命终的女人已经往生佛国，转为男身；另外两个男子是其家人。

背着母亲沿街乞讨

晚唐第85窟南壁的《报恩经变》中有一个婆罗门儿子背着母亲沿街乞讨的画面。

实际上，这是一个根据《大方便佛报恩经》“序品”描绘阿难被婆罗门外道奚落的故事。据佛经说，阿难清晨进入王舍城托钵求食，在途中看见一婆罗门子背负其母沿街乞食，将乞讨得来的美食供养父母，而乞讨得来的坏食则自己食用。阿难看见如此有孝心的人，当即赞美此人。这时，另外一些婆罗门外道的人看见了阿难，便借机当面奚落阿难，诬说佛陀是不知恩养、不懂孝道的恶人。阿难返回将此事告知佛陀，于是佛陀对众弟子讲说《报恩经》。

图中阿难身穿红色袈裟，左手持钵，右手持锡杖。一婆罗门外道赤裸上身，左肩斜披一长布条，穿短裤，右手握举一杖，左手指指点点，正在奚落阿难。此人身后一婆罗门赤裸上身，穿短裤，正用双肩背负一头梳高髻、身穿宽袖长裙的妇人（图68）。类似画面还见于五代第4窟南壁，画面榜题“尔时婆罗门见路沙门问事时”，画面左边绘阿难左手托钵，右手持锡杖；右边绘婆罗门正弓背弯腰地背着母亲前行，

图 68　晚唐第 85 窟南壁　《报恩经变》序品

母亲坐在背篼中，背篼似南方的竹子所编制，生活气息浓厚（图 69）。

虽然这个画面表现的是外道污蔑佛陀的内容，但也颇为生动地描绘了一个孝顺儿子背负母亲行走的形象。

图 69　五代第 4 窟南壁　《报恩经变》

让丈夫坠命的贪花妻子

北周第428窟东壁门南有这样一幅画面：一片树林中，有一棵树盛开着花。树上有一人一边往上攀爬，一边摘花抛下；树下一人盘腿而坐，左手执花，右手指着树上的花（图70）。

这是一个因妻子贪要鲜花而让丈夫从树上坠下丧命的故事。据佛经说，古印度有一位家境富裕的青年梵志，他长大成人后，娶了一个美貌的女子为妻。夫妻二人十分恩爱，生活过得非常美满幸福。

时值阳春三月，夫妻二人同去园中赏花游玩。园里的树木枝叶茂盛，鲜花怒放，犹如人间仙境一般。他们陶醉其中，流连忘返。这时，妻子看见一株高大的树上生长着一些奇异的鲜花，娇嫩可爱，便意欲获得此花。丈夫知道妻子非常渴望得到这棵树上的花，便立即攀爬上树为妻子摘取了一朵。

青年梵志的妻子得到一朵花后，爱不释手，越看越喜欢，又央求丈夫再摘一朵。丈夫为了满足娇妻的贪欲，又攀爬上更高的树枝去摘花，不料树枝突然折断，丈夫从树上坠下，当场丧命。

第428窟壁画只描绘了丈夫为妻子攀爬上树摘花的情景，没有描绘其坠地身亡的情节。但新疆克孜尔石窟第69窟中的同样内容画面中，描绘一人沿树向上攀爬并伸手摘花，树下横卧一人，这是将上树摘花和坠地身亡两个情节，集中在一个画面中表现。

在现实生活中，有些女人为了虚荣，迫使自己的丈夫或男友去冒险做事或贪污受贿，其性质与上面讲的佛经故事有相同之处。

图70 北周第428窟东壁 梵志夫妇摘花坠命

骑在仙人脖子上的女子

北周第428窟东壁描绘了一个独角仙人被女子诱惑的故事。

据佛经说，在很久以前，婆罗奈国的深山中有一只母鹿，有一天，它觅食时无意间吃了仙人的溺精，因此受孕，生下一子。此子头生独角，脚为鹿蹄。仙人知道此子为自己精液所生，于是教他修炼。独角子苦学勤修，得五神通，被人们称为独角仙人。

一天，独角仙人外出，路上忽然下起瓢泼大雨，由于雨大路滑，独角仙人不小心摔倒在地，扭伤了脚。仙人顿生怨恨，诅咒说："愿今后该国十二年无雨，国内五谷不生，民无生路。"独角仙人的诅咒应验了，婆罗奈国好几年都未降雨，大地干旱，颗粒不收，民不聊生。

国王为此十分苦恼，大臣们也一筹莫展。此时有人对国王说："若想上天降甘霖，必须先破了独角仙人的神通，让他的诅咒失效。"国王于是悬赏说："若有人能破仙人的神通，我愿意分一半的国家财富给他。"

此时，国中有位美貌无比的女子叫扇陀，她自称能破除独角仙人的神通，并将骑在仙人的脖子上回城。

国王龙颜大悦，让扇陀率领五百美女，乘五百辆车，带着淫药美

图 71　北周第 428 窟东壁　女子坐骑仙人

食来到山中，在独角仙人近旁结庵居住。

一天，独角仙人路过扇陀处。五百美女急忙出迎，将仙人拉至住处，并以美酒美食相待，骗仙人吃下了欢喜丸。扇陀又邀其入室软褥款坐，请其共浴，以纤细柔软的手抚摸其身。独角仙人难以自抑，便与众美女寻欢作乐。至此，独角仙人神通全失。婆罗奈国境内开始下雨，而且连下了七天七夜，庄稼禾苗尽得生长。

七天后，扇陀带来的酒食皆尽，她谎称离此不远的地方还有食物，可一同去取。途中，扇陀娇称疲惫不能行走，于是独角仙人让她骑在自己的脖子上，共赴王城（图 71）。

扇陀悄悄派人报告国王："大王可以出城来看我如何骑在仙人的项上回城，看看我这个普通女子的智慧！"国王果然带着群臣庄严出驾观看。

勾引徒弟的师母

五代第 98 窟北壁屏风画根据《贤愚经》描绘了一个师母勾引丈夫的徒弟不成、恼羞成怒诬陷报复的故事。

故事说舍卫国波斯匿王辅相之子无恼，聪明过人，魁梧勇猛，力敌千人，纵身能擒飞鸟，疾行能追奔马，深得辅相喜爱。

辅相让儿子无恼拜一位聪明博达、多闻广识的婆罗门为师。无恼聪明过人，夙夜勤学。不久，即对所学尽悉通达，进退举止应对得体，婆罗门师非常喜爱。

婆罗门师的妻子见无恼才气过人，貌姿俊逸，心存爱慕。然而无恼总与师兄弟在一起，她没有机会倾吐爱恋衷情。一日，有一施主请婆罗门师赴法会，师欲领众徒同去。该妇人提出家中事务繁多，要求留无恼在家协助。师应其求，留无恼守家，带领众弟子赴施主之请。

妇人欣喜不尽，立即沐浴更衣，妆饰打扮，去见无恼，以各种媚姿、语言挑逗，欲乱其心意，但遭无恼严词拒绝。妇人怀恨在心密谋报复。

待师父返家，妇人即撕裂衣服，抓破脸面，躺卧在地。哭诉自众人出门后，无恼便调戏侮辱她。

婆罗门师听信了妇人所言，便设计陷害无恼。一日，婆罗门师对无恼说，如果你能在七天之内杀一千人，割下他们的手指结成花鬘，即可升上梵天。无恼听完婆罗门的话，百思不得其解。但还没容无恼多想，婆罗门已将利刀竖于地，口念咒语，蛊惑无恼。

在婆罗门的咒语蛊惑下，无恼丧失本性，六天之内，杀掉了九百九十九人。这时，人们害怕得都躲藏起来了，因此无恼到处寻找，也找不到一人。

无恼母亲见儿子失去本性，七天都没有回家吃饭，便带着食物到处寻找儿子。无恼看见母亲，举刀正欲杀母亲，以补足一千人一千指之数。这时，佛化作一位比丘，从天而降，飞到无恼身边。无恼一见，便转而杀佛。佛放慢脚步徐徐前行，无恼用尽了平生力气，也追赶不上。无恼正纳闷，佛便告诉他："我诸根寂定，而得自在。你随从邪师，心中常起邪念，所以不得自在。你这样杀人，造下无数杀孽，将来只会坠入地狱，怎么可能往生天界？"无恼听了佛的开示，恢复了本性，放下屠刀，悔过自责，乞求出家。

画面由下而上描绘了辅相送子拜婆罗门为师、婆罗门师告别妻子与无恼外出赴会、婆罗门妻卧地诬陷无恼、无恼追杀母亲、佛陀引导无恼等情节（图 72、图 73）。

▲图 72 五代第 98 窟北壁 婆罗门师告别妻子与无恼出门、其妻卧地诬陷无恼

◀图 73 五代第 98 窟北壁 无恼欲杀母亲，佛陀化为比丘来救

丰乳细腰和老态龙钟的魔女

初唐第335窟西壁龛内南侧《劳度叉斗圣变》中的外道魔女，表现舍利弗与劳度叉在风树之斗中外道被风吹得惊慌失措的一个细节。

画面中，这个魔女被旋风吹倒在地，以袖掩面，强为挣扎。在相关的题记和变文中，有这样一句描写“妖女被风吹急遮面回身时”，和画面形象完全吻合。画师将这个魔女描绘得体魄健壮，圆脸大耳，丰乳细腰，身着窄袖衫裙，表现了当时以丰满为美的审美观念。特别是极度夸张地表现了女性的胸部，突出了女性的性别特征（图74）。

榆林窟西夏第3窟东壁中央所绘制的佛传故事《降魔变》中，其中被释迦牟尼以神通变成老丑妇人的魔女形象颇为特别，是一个正在照镜的魔女（图75）。

画面中，变成老妪的魔女，老态龙钟，敞胸露怀，双乳下垂，皱纹满面，头发稀落，龇牙咧嘴，面容狰狞丑陋。正在手持铜镜照看的魔女，看到自己在镜中的形象，捶胸哀号，悲叹其容颜已衰，青春一去不复还。

图 74　初唐第 335 窟西龛内南壁　外道魔女

图 75　榆林窟西夏第 3 窟东壁中央　照镜的魔女

花枝招展的女外道

五代第146窟西壁所绘的《劳度叉斗圣变》，展现了佛教与外道为了争夺势力范围而进行的生死搏斗的画面。

据佛经说，舍卫国大臣须达赴王舍城辅相护弥家为子求媳，偶然遇到释迦牟尼佛说法，听后皈依了佛教。为了请释迦牟尼佛亲临舍卫国说法，须达出重金购太子祇陀园建造精舍，以作道场。六师外道闻讯，依恃国王权势，从中作梗，约佛斗法，以胜负决定是否建立精舍。外道推劳度叉出面，佛遣弟子舍利弗应约。若舍利弗胜，则外道皈依佛法，若劳度叉胜，则不准起精舍，且太子与须达亦将受诛。因事关两教在舍卫国的生死存亡，国王坐在北面当裁判，官吏百姓位于南面围观监督，舍利弗升狮子座于东，劳度叉身居宝帐于西，双方连续展开了惊心动魄的较量。

在第六个回合中，劳度叉变作一棵参天大树，舍利弗则化作风神，放出狂风将大树连根吹拔。画面中，风神解开风囊，一场旋风，使草木随风倾倒，烈火顺风延烧；大树被拔起，金鼓被刮倒；劳度叉的宝座被大风吹得摇摇欲坠，一群外道手忙脚乱，打桩，牵绳，架梯，勉力撑持，狼狈不堪；特别是劳度叉座下的女外道，她们本来“严丽庄饰拟共惑舍利弗”，但突然狂风大作，诸女抱头掩面，惊慌失措，花容无色。这些女外道，头梳高髻，身着窄袖紧身花衫，束彩裙，虽然花枝招展，但也是当时平民女子的日常衣着（图 76）。

图 76 五代第 146 窟西壁 女外道

戏弄舍利弗的天女

“天女散花”是《维摩诘经》中的一个故事，说维摩诘帐中有一天女，当维摩诘居士和文殊菩萨说法辩论时，天女将鲜花撒到众人身上。当鲜花散落到诸菩萨身上，便纷纷落地了。而当散落到佛弟子身上，却粘着不掉落。佛弟子舍利弗使用神力竭力想抖落身上的鲜花，花都牢牢地粘在他身上不落。天女便问舍利弗：“你为何要抖掉身上的鲜花呢？”舍利弗回答：“鲜花粘在身上不合佛门仪律。”天女说：“不能这么说。花岂有心落与不落？那是你心里产生了分别落与不落的想法。你看菩萨身上不粘花，就是因为菩萨断除了一切分别之想。”天女以此嘲弄佛弟子尚无解脱俗世红尘。

敦煌藏经洞出土的文献S.6631中也有关于这个故事的生动描写：“居士室中天女侍，声闻神变不如她，舍利怀惭花不坠。花不坠，心有畏，无明相上妄生二。”按照佛教的说法，“舍利弗于弟子中智慧第一”，然而却被维摩诘居士室内的一个小小天女所戏弄。

初唐第203窟西壁龛外南北两侧绘《维摩诘经变》，画面中天女立于维摩诘帐前，舍利弗立于文殊座前，二人隔龛相望。天女手执羽扇，神态自信潇洒，正面向舍利弗发问。舍利弗身上沾满鲜花，抖花不落，神态尴尬，欲言又止，与天女形成鲜明的对比（图 77、图 78）。

图 77　初唐第 203 窟西壁龛外南侧　维摩诘帐前的天女

图 78　初唐第 203 窟西壁龛外北侧　文殊帐前的舍利弗

洗涤晒衣石的天女

初唐第 323 窟北壁的壁画《佛陀晒衣石》，描绘的是释迦牟尼佛常常在“三龙池”内洗涤衣服，然后将衣服摊在池旁的巨石上暴晒。久而久之，巨石上留下了衣纹十三条，成为当地的圣迹。外道对此非常愤恨，便跑来用脚踩踏，玷污亵渎佛陀的晒衣石。雷神见了震怒，将外道击毙于地。随后，天女自天而降，以清水将被外道踩踏过的晒衣石洗涤干净。

画面中绘一巨型方石，一个外道正用脚践踏；上方雷神站在乌云中轮连鼓、发雷电；巨石下方一外道倒毙在地，另一外道跪在旁边；画面左侧有两位天女跪地，正用水清洗晒衣石。画面中有榜题记载：“此方石，天所化作，奉佛晒衣，晒石上有十三条纹至今不灭。龙亦护之，时有菩萨来洗，天人所敬，至今见在大夏时。”画中外道手舞足蹈，凶狠张狂；天女则目不斜视，文静专一。人物组合，聚散相依，动静相成，变化而有生趣（图 79）。

图 79　初唐第 323 窟北壁　晒衣石

“吐沧海，泛洪津”的都河玉女娘子

党河，古称都河，是敦煌的生命之河，人畜饮水及农业灌溉全仰仗于此河水，因此敦煌人非常敬畏这条生命之河。党河的水源主要是祁连山的雪水。不过，在夏天经常因山中降暴雨而山洪暴发，下游必当受灾，敦煌历代先民们以为有河神作怪。

传说中这条都河的河神是一位妙龄少女，称“都河玉女娘子”，这位年轻貌美的司水女神“吐沧海，泛洪津；驾云辇，衣霓裙”“喷骊珠而水涨，行金带如飞鳞”，可以使“五稼时稔，百姓丰年；天沐高雨，地涌甘泉”。也就是说，这位女神掌管着敦煌的农业丰减。虽然她的形象为“纤纤之玉面，赫赫之红唇”，美丽温柔，但性情古怪，如果不高兴，定当洪水泛滥。于是每年的夏季，敦煌当地组织人们公祭河神，献牛献羊，为河神享用。

另有传说，敦煌城西八十五里处有一玉女泉，每年岁首，当地都要送一童男童女给玉女神，只有这样，这一年才万事顺利，风调雨顺，五谷丰登，否则便会遭灾。

到了唐代神龙年间，张孝嵩做了沙州刺史，知道了玉女泉的事情，勃然大怒，说：“岂有如此妖怪，涂害我生灵百姓！”于是在泉边设坛，准备了丰盛的祭品，然后对着泉大声讲：“我张孝嵩太守愿看到玉女神的真面貌，请出来享用这些祭品吧！”

于是玉女神化作一龙，从水中腾空而出。张太守早有准备，眼疾手快，拉弓出箭，正中龙的咽喉，龙被射中，动弹不得。太守便用剑斩掉龙头，亲自献给皇帝。玄宗对张太守大加嘉奖，并赐给他龙的舌头，敕封“龙舌张氏”，后成敦煌张氏重要的一支。

敦煌是沙漠绿洲气候，水资源非常珍贵。因为有水才出现了敦煌绿洲，因为水才造就了敦煌，也造就了莫高窟，造就了辉煌的敦煌文化。水资源是哺育绿洲文明、维系绿洲经济发展繁荣的命脉，生活在大漠戈壁绿洲中的古代敦煌人民，历来将水源视为自己的命脉。为此，敦煌藏经洞出土文献S.5874 中说：“本地，水是人血脉。”（图 80）加上

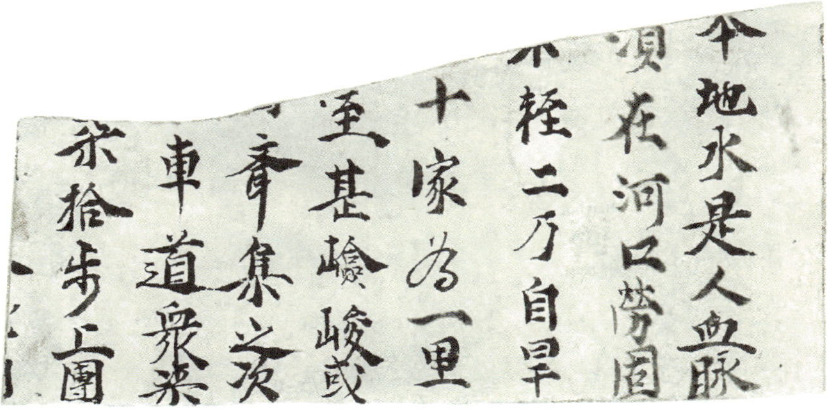
本地水是人血脉
須在河口劳困
不經二万自旱
十家為一里
至甚嶮峻或
齊集之次
車道衆渠

图 80　S.5874 写卷

河里经常发洪水，严重影响敦煌人们的生产生活。于是人们就以为有河神作怪，慢慢地便产生了水神信仰。

因此，敦煌历史上不仅有河神“都河玉女娘子”“张孝嵩太守玉女泉斩龙”的传说，还有关于“玉女泉”的诗词，如藏经洞出土的唐人作品《敦煌廿咏》其八“玉女泉咏”：

周人祭瑶水，黍稷信非馨。西豹追河伯，蛟龙遂隐形。

红妆随洛浦，绿鬓逐浮萍。尚有销金冶，何曾玉女灵。

胜鬘夫人十大愿

胜鬘夫人是波斯匿王和末利王后唯一的掌上明珠，也是阿逾阇国友称王的妃子，因受父母熏陶，皈依佛法。

“胜鬘”之名，是由于波斯匿王没有子嗣，祈求得女，全国欢喜，供奉宝花珍饰而得。含义有二：一言形胜，美貌绝伦，花色不如；二言德胜，聪慧利根，通敏易悟。其胜过世间宝物，故名为“胜鬘”。另外，末利是音译，是花鬘的意思，所以“末利”翻译成中国话就叫鬘，末利夫人也可以叫鬘夫人。末利夫人与波斯匿王希望他们的女儿将来要比末利夫人还要聪慧、漂亮，因此将女儿取名为“胜鬘”。

胜鬘夫人皈依佛教后，对佛陀的敬礼赞叹，无以复加，并影响阿逾阇国友称王皈信佛教，二人共同以佛法教化人民，尤其重视儿童教育，凡是七岁以上儿童，定期召集进宫，授予教育。胜鬘夫人也非常重视妇女福利，教导妇女要注重胎教、相夫教子，尤其鼓励妇女将家庭建设成为一座乐园。

一次，波斯匿王致函胜鬘回到舍卫国听佛陀说法。佛陀赞叹胜鬘对佛法的虔诚，并授记胜鬘于二万阿僧祇劫之后，当得作佛，号“普

图 81　宋代第 454 窟甬道顶　胜光夫人故事画

光如来”。由此可知胜鬘在佛法的修证上，已达七地或八地的菩萨之位了。

佛陀曾在舍卫国祇园精舍宣说《胜鬘狮子吼一乘大方便方广经》，经中记载胜鬘夫人宣誓受持“十大受”，亦即“十大戒”“十大弘誓”：

佛陀！从今日起，一直到我证得菩提，对于我所受的戒律，我绝对不再生起毁犯的心。

佛陀！从今日起，一直到我证得菩提，对于一切尊长，我绝对不再生起一点轻慢的心。

佛陀！从今日起，一直到我证得菩提，对于一切众生，我绝对不再生起一点瞋恚的心。

佛陀！从今日起，一直到我证得菩提，对于他人福乐、美貌以及资生物品，我绝对不再生起嫉妒的心。

佛陀！从今日起，一直到我证得菩提，对于我所有一切、所知一切，都愿布施，有人来求，我绝对没有悭吝不舍的心。

佛陀！从今日起，一直到我证得菩提，我不为自己受蓄财物，凡所有一切，都是为了成就贫苦的众生。

佛陀！从今日起，一直到我证得菩提，不为自己而行四摄法，为了一切众生，我要以无爱染心，无厌足心，无挂碍心，摄受众生。

佛陀！从今日起，一直到我证得菩提，若是见到孤独、幽系、疾病、困苦的众生，我一定要设法以义饶益，令他们脱离苦难，我心才安。

佛陀！从今日起，一直到我证得菩提，若是见到一切损人利己的事，我必维护正义，对这些众生，应折伏者而折伏之，应摄受者而摄受之。

佛陀！从今日起，一直到我证得菩提，我愿摄受正法，终不忘失。

除此十大弘誓外，胜鬘夫人又发了三大愿：第一，愿持正法的真义；第二，愿传正法于天下；第三，愿护正法于不坠。

《胜鬘经》在印度和中国佛教史上，皆占有重要地位，被佛教学者视为“如来藏缘起论”的代表作。本经亦具有承上启下的作用，即上承《法华经》“三乘方便、一乘真实”和《华严经》“净心妙有”思想，巧妙地结合这两部经的精神；下启瑜伽行派《解深密经》阿赖耶识缘起论。

这位有“七觉妙鬘”之德的胜鬘夫人，她修一乘行，弘一乘教，是以功德鬘庄严一乘的佛果。

敦煌莫高窟宋代第454窟甬道顶部的一幅故事画中有“胜光夫人”等字样的榜题，胜光夫人即末利夫人，即胜鬘夫人的母亲，这幅画或许与胜鬘夫人有关（图81）。

胜鬘夫人向佛问美丑

胜鬘夫人是舍卫国波斯匿王之女，也是逾阇国的王妃。胜鬘夫人地位尊贵，但相貌却长得不太好看，她心里常常因此生起疑惑。

有一次，当释迦牟尼佛在舍卫国祇园精舍的时候，她来到佛前顶礼佛陀之后，很恭敬地向佛陀提出几个问题：世尊！为什么有些女人面貌丑陋，体态粗劣，望之可怖，而且穷苦卑贱？为什么有些女人面貌丑陋，体态粗劣，望之可怖，但是大富大贵？为什么有些女人长得美丽出众，却很贫苦，出身卑贱？为什么有些女人长得美丽端庄，清秀可敬，有财有福，身世高贵？

佛陀开示说："胜鬘！女人面容丑陋，体态粗劣，望之可怖，而且贫苦卑贱，是由于过去世性情暴躁，容易发怒，有人稍微说她不是，就心怀怨恨，气愤憎恶；同时她也不以吃的、用的以及各种财物，或是香花之类布施沙门（出家修道的人）、婆罗门；又生性善妒，看见别人得到财物、荣誉、尊重、敬仰、礼遇、崇拜，就生妒忌，因忌生怒。

胜鬘！女人面貌丑陋，体态粗劣，望之可怖，但却大富大贵，是由于过去世性情暴躁，有人说她不是，她就生气、怨恨、愤怒、憎恶，可

图 82　宋代第 454 窟甬道顶　胜光夫人故事画

是她却常以吃的、喝的、用的及一切财物、建地或房舍，以及香花水果等布施供养沙门、婆罗门；且又没有妒忌之心，看见别人得到财富、荣誉、尊重、敬仰、礼遇、崇拜，她能随喜赞叹。

胜鬘！女人面目姣好，美丽动人，但很贫苦，身世卑贱是由于过去世性情温柔，有人讲她坏话，也不生气，又能忍让，可是他对沙门及婆罗门却不肯做任何供养布施，又生性善妒，看见别人得到财富、荣誉、尊重、敬仰、礼遇、崇拜，她就心生妒忌，常自傲慢。

胜鬘！女人长得端庄美丽、清秀，品行高洁，多财富且福德高贵，是由于过去世性情温柔，又能忍让，人说是非，毫不计较，亦不生气，她又能以一切财物、建地、舍宅、香花、水果、饮食、医药等，恭敬供养布施沙门及婆罗门，并广行善事，对别人不生嫉妒之心，言行谦逊有礼，而且对他人之好，时常随喜赞叹。

胜鬘啊！这就是妇女们贫富贵贱和美丑的缘故了。”

胜鬘夫人听了世尊的开示，很惭愧而又欢喜地说道：“世尊！我听了你的开示，完全明白自己长得丑陋而身世尊贵的原因，好比从黑暗中得到光明，从荒野中发现了康衢大道，这道理实在太奇妙了。我从今天起，纵然有人说我坏话，也不生气，对别人更不生嫉妒之心，常随喜赞叹他人之善，并要以一切财物、饮食、医药、建地、屋宇、香花供养沙门及婆罗门。归我统管的妇女很多，我也要教她们学佛。请世尊收我为弟子吧！我要皈依佛、法、僧三宝，直到终身。”

敦煌莫高窟宋代第454窟甬道顶部的一幅故事画中有“胜光夫人”等字样的榜题，胜光夫人即末利夫人，即胜鬘夫人的母亲，这幅画或许与胜鬘夫人有关（图82）。

驱鬼祛邪除病的女巫

在敦煌，巫术广泛流行于民间，并成为一种行业。出现了以此谋生的巫觋，女曰巫，男曰觋，是巫术活动的表演者和执行者。敦煌壁画中反映的巫术活动有驱鬼、医疗、祈赛等。

在古代，人们认为之所以会有各种灾难疾病，主要是由于鬼魂作祟，因而驱鬼除邪便成为生活中的大事。每当天灾人祸降临，或遇到危险之时，或碰到各种艰难，人自觉无能为力时，只好求助于神力的庇护，通过巫术的一定仪式，赛神祈佑。在敦煌最常见的是外出行人祈赛，因自然环境的恶劣，加上经常发生掠夺、抢劫、杀人，行人只得沿路祈赛，用事先准备好的物品赛神。据《敦煌录》记载，汉代名将李广利的庙“在路旁，久废，但有积石驼马，行人祈福之所”。另外，人们遇到疾病时也常常请巫觋前来驱鬼祛邪。

如中唐第468窟北壁《药师经变》中有一个驱鬼治病的画面，画面上方绘一病人赤裸上身坐在床上，身后有一妇女扶持。画面中部有两个女巫在水边祓禳，一头梳高髻、上穿石青色襦衣、下穿赭红色长裙的女巫跪在地上，一手上举做动作，口中似乎在念咒语。另一上穿

图 83　中唐第 468 窟北壁　巫术驱鬼治病

赭黑色襦衣、下穿石青色长裙的女巫跪坐在有玻璃罩的器物旁，手中拿一带柄的扇状道具。两女巫之间，有一铁铛下火焰熊熊燃烧。画面下部有一男法师坐在床上作法，床前站有一小孩，旁侧有一恶鬼正仓皇逃窜（图 83）。

又如晚唐第 12 窟北壁《药师经变》中有一个用巫术治病的画面，画面右下角一位赤裸上身的病人坐躺在床上，身后有一妇女搀扶。画面左侧设一神坛，画面中央有一头梳高髻、上穿石青色襦衣、下穿赭黑色长裙的女巫，手抱曲颈琵琶一边弹奏一边歌舞，用“撩病”的方式为病人祛邪治病（图 84）。

又如宋代第 76 窟北壁《药师经变》中也有用巫术治病的画面，画面左侧神坛上有牛头马面的幽灵，神坛前一女巫手抱曲颈琵琶一边弹

图 84　晚唐第 12 窟北壁　巫术驱鬼治病

奏一边歌舞（图 85）。

这些女巫驱鬼祛邪治病的生动画面，是当时敦煌社会生活的真实反映。

图 85　宋代第 76 窟北壁　女巫

得道成仙的妇女何仙姑

在莫高窟第 5 窟西龛，有清代或民国所塑的老君与八仙像。中间塑老君驾鹤，表示八仙之师祖为老君。老君两侧塑八仙，其中何仙姑头梳双高髻，粉红白脸，身着绿色交领大袖衫，双手持荷花（残毁）（图 86）。

何仙姑是“八仙”中唯一的女性，据说原名何秀姑，生于唐武则天时期，出生时紫云绕室，头顶上有六道毫光。从小智慧敏捷，聪敏过人。15 岁时，梦见神人教她食云母粉，于是身轻如飞，往来于山顶之间，每天早上外出，晚上带回一些山果孝敬母亲。后来辟谷，不吃五谷。武则天听说后，派使者召请，在入京的途中忽然失踪，有人说在唐中宗时期八月初八的一天飞升成仙。还有一种说法是，何仙姑 13 岁时入山，遇仙人吕洞宾，吕赐其一桃，吃了以后不饥不饿，并能预知祸福之事，颇为灵验，村里的人奉为神明。后来吕洞宾度其成仙，随后与八

图 86　第 5 窟西龛南侧
清代或民国塑何仙姑

仙一道游走江湖、行侠仗义。

八仙是清代和民国时期老百姓喜闻乐见的绘塑题材，相关的故事精彩有趣，反映了当时人们歌颂行侠仗义并追求个性的时代精神。尤其是八仙不同的出身以及“八仙过海，各显神通”的传奇故事，是现实生活中人们宣扬的“三十六行，行行出状元”的另一种说法，实际上是人们追求平等的一种反映。作为八仙中唯一的女性，何仙姑更是古代社会中妇女追求自由、渴望男女平等的代表人物。

为释迦牟尼提供牛乳的村女

五代第61窟北壁《佛传》第28扇屏风画中，有一个村女正在煮牛奶的画面。

据佛经说，悉达多太子苦修六年之久，仍没有得道。于是悉达多太子心想："我每日仅喝一点豆羹，弄得自己皮包骨头，如同枯木。这样的苦行已满六年，但却没有得道。看来解脱之事，不是靠肉体苦行就能做到的；不能忘怀肉体，心就无法清净；心不能清净，则一切私欲不能消除；私欲不能消除，怎能走上解脱的正道呢？"

悉达多太子于是放弃苦修，慢慢走入尼连禅河中，想让洁净的流水洗净身上六年来积下的污垢。悉达多太子洗浴完毕，但因身体羸弱，无力爬上河岸。此时，净居天王从空中飞来，向河中投入一根很大的树枝，太子攀着天神投下的树枝才爬上河岸，但终因体弱昏倒在地。

当时尼连禅河边的山林中，有两位名叫难陀和波罗的村女正在放牧牛羊。净居天王对牧女说："现在尼连禅河边有一位修行求道的太子，因断食苦修，已昏倒在河边，你们若给予供养，将来必有福报。"

牧女听后，立即挑选了十几头肥壮乳牛，赶入河中，洗净乳牛的

图 87　五代第 61 窟北壁屏风画　二女献乳

皮毛身体，挤好牛乳，加入精米熬煮，煮成香甜的乳糜，盛入钵中，来到太子身边，献上乳糜。

悉达多太子接受了牧女的乳糜，吃后很快恢复了体力，不久就在菩提树下悟道成佛。

第 61 窟北壁的屏风画中，画面右上侧绘一头母牛，前面有一头小牛犊，一村女在母牛腹下挤奶；画面中部一村女坐在一大锅前煮乳糜，锅上冒着热气；画面左侧一村女双手捧钵跪地，正为太子奉献乳糜（图 87）。

画面中村女挤奶和煮奶的情景，是古代妇女生活的真实反映。

跋提长者之姊被宾头卢度化

莫高窟西魏第285窟之南壁有一幅《化跋提长者之姊缘》的故事画。

佛经说，在古印度的王舍城里，几乎所有的人都笃信佛教，只有一个名叫跋提的长者和他的姐姐不信佛法三宝，后经佛祖的说法，跋提长者皈依佛法，但他的姐姐还是不信佛法。

于是，佛祖就派十八罗汉之一的宾头卢尊者去度化跋提长者的姐姐。一天早晨，宾头卢尊者持钵到跋提的姐姐家化缘，恰巧其姐正在做饼，但就是不愿施舍给宾头卢。

为了让跋提长者的姐姐相信佛法，宾头卢开始施展法术。首先是让自己身上冒青烟，跋提的姐姐见此情状，也不给宾头卢饼；宾头卢便又举火让自己的身体燃烧，跋提的姐姐见了，还是不给宾头卢饼；于是，宾头卢又飞腾虚空，身体倒悬于空中，跋提的姐姐见了，还是不愿将饼施舍给宾头卢。

宾头卢无计可施，只好走出跋提的姐姐家。他看到在王舍城不远的地方有一块大石头，宾头卢就坐在那块大石头上，然后施展法术，让自己坐在大石头上面一同飞入王舍城，悬在空中。

图 88　西魏第 285 窟南壁　化跋提长者之姊

城中的人看到宾头卢和大石头悬在虚空，害怕石头掉下来砸到自己，非常恐慌，纷纷逃跑。

跋提长者的姐姐见状，心想："如果你想度化我，就得先把石头放回原来的地方。”宾头卢获知，便把石头放回原处，然后返回到跋提长者的姐姐家。跋提的姐姐只好将饼施舍给宾头卢，宾头卢随后将所得到的饼分给众比丘，众比丘还未吃完所分之饼就都饱了。

宾头卢把没有吃完的饼又放入纯净的井水中，井里的水顿时沸腾起来，犹如热铁投入。人们看到这种奇特现象，感到不可思议，便恐慌起来。

这时，佛祖显身讲经说法，跋提长者的姐姐聆听了佛祖的教导后，持戒修炼，皈依佛门。

西魏第285窟所绘制的《化跋提长者之姊缘》的画面中绘有宾头卢尊者倒悬空中、跋提之姐施饼等形象，突出表现宾头卢施展法术使跋提长者之姐信服，最终施饼且皈依佛门的故事情节（图88）。

文殊菩萨在五台山化身贫女乞斋

据记载，传说在北魏年间，五台山大孚灵鹫寺每年三月庙会设“无遮斋”，不分僧俗，不分贵贱，也不分男女老幼，凡是赴斋者，都可以平等参加，饱食一餐，平等施食，表示佛法平等，无人我之分别。

一天，有位衣衫褴褛的女子，怀里抱着一个婴儿，手里拎着一个小孩，另外还牵有一条狗，随着人流走近寺院，她见众香客施舍金银，自己却身无分文，便剪下几绺头发作为施舍之物，她对寺里的住持说：“我只有这些头发布施三宝了，请勿拒绝！”

这时，还不到吃斋的时候，贫妇便对住持说：“我还有急事要到别的地方去，能否先分一些饮食给我？”

虽然开斋时间未到，但施主的要求还是不能拒绝的。

“好的。”住持说。

按斋会规定，每人一份，住持认为婴儿不会吃，只给她两份。她立即相争：“我们三人为何两份?”住持没有言语又给了她一份。

“还有我这只狗呢，它也得吃一些东西才行啊！”住持犹豫了一下又勉强给了狗一份。

图 89　五代第 61 窟西壁　五台山图中的贫女庵

女人又说："我肚子里还有小孩，也需要分一些食物来吃。"

她的不断要求引起住持的不满，住持法师忍不住了就怒斥道："你来这里求出家人布施斋食，却贪得无厌，是何道理？你肚子里的小孩根本都还没有生出来，难道说他也能进食？可是你却求索再三，滥贪美味之心，不觉得太过分了吗？"

住持大声责骂贫女，让她带着孩子赶快离开寺院。

贫女遭到呵责后，立刻升上天空，在空中突然化现为文殊菩萨的真身，其犬变为文殊菩萨乘坐的青狮，两个孩子，一个化现为善财童子，一个化现为于阗国王。此时天空，彩云遍布，文殊菩萨站在云层中，对着下方寺院的僧人和善男信女们说了一偈："苦瓠连根苦，甜瓜彻蒂甜，是吾起三界，却被阿师嫌。"

文殊菩萨说完偈语后，逐渐隐没不见了。斋会上的僧俗弟子，无不惊异感叹。住持悔恨自己不识菩萨真容，想用刀剜去自己的双眼，众人苦劝方止。从此以后，寺院定下规矩：斋会舍食，贵贱平等，贫富不分，不以等级待人。

后来，寺院在菩萨乘云起处，修建了一座佛塔，将贫女所施舍的头发埋在塔中，常年供养。

大宋雍熙二年（985 年）重休加固此塔时，在塔基下挖掘得圣发三五络。发如金色，顷刻之间变为黑色，恍惚不定。在场的众人看到这种情景，无不虔诚念佛，随后又把圣发埋藏在塔基下。此塔就是现在华严寺东南面的那座佛塔。

莫高窟五代第 61 窟西壁《五台山图》中绘有一处"贫女庵"，不知此"贫女庵"和文殊所化身的贫女有无关系（图 89）。

修楼婆王闻偈舍妻儿

佛经说，在过去久远之时，此间浮提有一个大国，国王名修楼婆（又名妙色王），统领着八万四千小国，占有六万山川和八千亿部落。

修楼婆王有二万夫人，一万大臣。当时修楼婆王德高望重，力量强大，国泰民安，百姓富足，妻子贤惠，孩子孝顺。但是他想：“如今我只用财物资助百姓，而无道德教化，怎么能立国呢？这是我的过错，老这样下去，多么不好！现在我当寻求坚实可靠的道法财富，让天下百姓得以解脱。”

于是，他当即宣令：“凡天下有能给国王说法者，随其所需，献给一切，决不违误!”招募的人四处游说，皆无回应，因此修楼婆王十分忧愁，心中很是烦恼。

当时毗沙门王观察到修楼婆王有这样求法的心事，他就想去试探一下。于是，他就变成夜叉的形象，相貌非常黝黑，眼睛红得像血一样，而且牙齿向上翘出，头发一根根竖起，舌头鲜红，火从口里喷出。

他来到王宫门口宣称："谁想听我说法的话，我可以给他讲。"

国王听到有人可以为他讲法，心里涌现出了无法抑制的欢喜，他亲自走出王宫来迎接，上前给夜叉恭敬作礼。然后布置了很高的座位，请夜叉坐在上方，立即集合群臣百官，前后围绕，来听其说法。

这时，夜叉又告诉修楼婆王说："学法的事情非常困难，因缘是极其难得。怎么能这样容易，就得到法呢?"

修楼婆王对其说:"你要什么都可以，我绝不违背。"

夜叉说："如果大王能够以你最喜欢的妻妾和儿子供给我吃，我就可以给你传法。"夜叉心想："这是极大的难题，因为一个人对自己的妻子和儿子是极其疼爱的，现在为了法，看你能不能舍。"

当时修楼婆王的菩提心非常宽广、非常深远，他想要为一切众生谋求利益，想把他们安置在法道里面。所以为了成就这个大义，一切都可以舍。于是，他毫不犹豫地把自己最心爱的夫人和最优秀的孩子，供养给了夜叉。

当时各个小王以及百官群臣见到国王为了求法，把夫人和王子都献上去了，内心十分不忍，悲伤啼哭，纷纷伏在地上劝告大王放弃听法之事。修楼婆王为了求得大法，意志坚定，坚决拒绝。

夜叉当着众人的面吃了修楼婆王的妻子和儿子，然后说偈语道："一切事物均无常，人生充满难和苦。五阴之身空无相，万事皆空我亦无。"

当时夜叉就给国王传了这样三个法印，也就是无常印、苦印和无我印。

修楼婆王听此偈语之后，满心欢喜，丝毫没有后悔的意思，立即

图 90　莫高窟晚唐第 85 窟南壁　修楼婆闻偈舍妻儿

派遣使臣向全国宣布，让人人背诵此偈。

于是毗沙门王恢复原来面目，并称赞国王说：“善哉！”修楼婆王的妻子儿子也恢复了原状。

敦煌莫高窟晚唐第 85 窟南壁绘制有这个故事（图 90）。

僧人的养女、侍女

据藏经洞出土的敦煌文献记载，许多僧尼有的有养女、有的有婢女。如S.2199 文献中便记载一个叫灵惠的尼姑就有一名可供驱使的婢女，名叫威娘。

另外据P.3410 文献记载，沙州有一个叫崇恩的僧人，他在寺外有田地、房舍、耕牛等，虽然没有妻儿，却有一个养女叫娲柴。他的这个养女是“乳哺”期即自幼就领养，直至出嫁。这个养女出嫁以后可能和养父保持着密切的联系，因此崇恩在处分遗产时申明死后要将另外买来的一个小女子送给养女娲柴使唤。这个小女子则是崇恩在养女出嫁后，又买来侍奉自己的一个婢女。

莫高窟晚唐第 17 窟是唐归义军初期河西释门都僧统洪辩的影堂，洞窟北壁床座上有洪辩的塑像。在洪辩塑像后面两侧的墙面上，分别绘有一身近事女和一身比丘尼，身旁各绘有一株菩提树。东侧之树上挂一净水瓶，树下的比丘尼身穿袈裟，手执双凤纨扇（图 91）。西侧之树上挂一皮革挎包，树下的侍女头绾双髻，身穿圆领开衩长衫，腰系带，右手握杖，左手托长巾，眉目清秀，丰满圆润，容貌端庄，但表情

图 91　晚唐第 17 窟北壁东侧　比丘尼（部分）

木讷，伫立于树下，随时等待高僧的吩咐，塑造了一个小心翼翼照料高僧生活起居的婢女形象（图 92）。近事女，又称优婆夷、优波夷、邬波斯迦，是在家持五戒修行，敬奉三宝，照料僧统或寺主生活起居的佛教女信徒，即侍奉僧人的婢女。

图 92　晚唐第 17 窟北壁　近事女

尼姑立遗书

据藏经洞出土的S.2199文献记载，唐代咸通六年（865年）十月，敦煌某寺院有一个法号灵惠的尼姑忽染疾病，日渐增重，担心自己不久于人世，于是趁头脑清醒之际，召集自己的一位弟弟和三位侄男等在家的亲人立下遗书（图93）。

这位尼姑灵惠平时手下有可供使用的一名婢女叫威娘，因此遗书的内容主要是关于灵惠死后，威娘的归属问题。虽然按照一般礼法，他的弟弟和三位侄男都有继承资格，但是她偏要把这名婢女威娘“留与”侄女潘娘。因为害怕其他亲属争要，在遗书中除了特别强调归于潘娘使用外，还强调以后不许其他亲属来争要，“恐后无凭”，特请各位亲友和官府人员一起作证。见证人有弟金刚、索家小娘子、外甥尼灵皈、外甥十二娘、侄男康毛、福成、胜贤，以及索郎水管、左都督成真等。

遗书中还强调她死后，一切丧事由侄女潘娘负责操办。

另外，也有尼姑的亲属死后，尼姑为其遗书的执行人，帮助处理该亲属死后的财产。如P.3730文献中记载，有一位叫惠性的尼姑帮助处理亡故外甥贺阇梨的遗物，其遗物有铛一口、剑一口、皮裘一领等。该文献中提到其外甥是僧人，也提到亡僧贺阇梨本人留有如何处置自己遗物的遗书，而其姨即尼姑惠性作为执行人也是根据其遗书、遗言处理的。

从敦煌文献中可以看到，僧尼的遗书或遗嘱都是亡者生前所立，事主死后，其遗言能否实现，遗书的执行人是关键。在敦煌，亡僧尼遗书的执行人并非所在的寺院，而是其世俗家庭中的成员。

图 93　S.2199 写卷

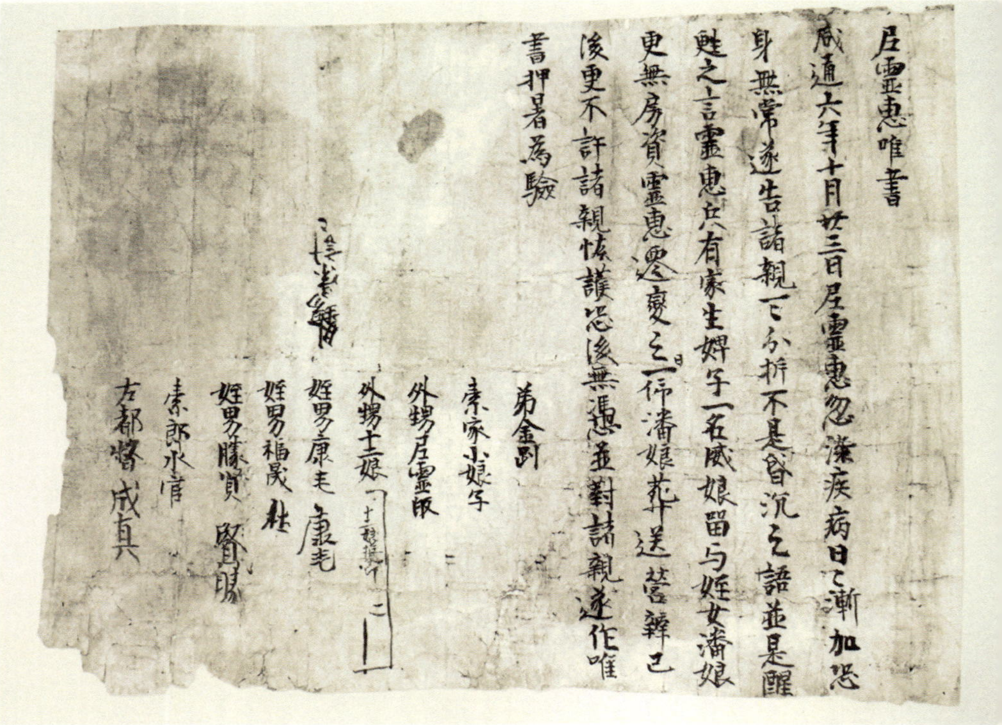
尼靈惠唯書
咸通六年十月廿三日尼靈惠忽染疾病日日漸加恐
身無常遂告諸親一一分析不是昏沉之語並是醒
甦之言靈惠只有家生婢子一名威娘留與姪女潘娘
更無房資靈惠遷變之日一仰潘娘葬送營辦已
後更不許諸親恡護恐後無憑並對諸親遂作唯
書押署為驗

弟金剛
索家小娘子
外甥尼靈皈
外甥十二娘 十二娘指節
姪男康毛 康毛
姪男福晟 佛
姪男勝賢 勝賢
索郎水官
左都督成真

与临终老人告别的妇女

榆林窟中唐第25窟北壁《弥勒经变》中的“老人入墓图”的画面中，有一个宽敞的墓园，白色大门，赭色砖砌围墙，墓园内外都有松柏树和芭蕉树环绕。一头戴幞头、须发皆白、身穿白色长袍、拄杖的老人坐在圆形墓茔中的土台上，安详地与亲人告别。墓茔前一小孩匍匐在地向老人叩别，墓茔旁有三位妇女头梳高髻，头上插绿色花或插绿色梳，有两人额上贴花钿，双肩披巾，身穿长裙，脚穿方头履，或以巾拭泪，或以袖掩面，与老人依依相别。另外墓茔旁有仆人捧物侍立，墓园内外有亲友送别（图94、图95）。

其他“老人入墓图”中，也是老人在亲人的陪同下向坟墓走去，或搀扶着，或独立行走，或以手推车载送。老人身着袍服或披风，也有的怀抱经卷。亲人则头顶或怀抱食物及日用品，说明老人在墓中将独自生活，直至停止呼吸。老人的前方为坟墓及茔域，墓内可见有一土台或长榻，供老人坐卧之用。

“老人入墓”是《弥勒经变》中的一个情节，鸠摩罗什译《弥勒下生成佛经》曰：“人命将终，自然行诣塚间而死。”义净译《弥勒

图 94　榆林窟中唐第 25 窟北壁　老人入墓

图 95 榆林窟中唐第 25 窟北壁 老人入墓中的妇女

下生成佛经》亦云："人命将终尽，自往诣尸林。"

未死的老人在亲人的陪同下提前进入坟墓，其性质与寄死窟类似。如古代湖北等地有一种"寄死窑"，又叫"寄死窟""老人洞""参洞"等。一种形制是窑口上方成拱弧形，入洞后窑体横向开凿，宽高各 1.5 米左右，长约 2 米。人弯腰进去，可躺下坐起，不能直立。这类窑凿制比较粗陋、分散。一种是方形窑口，窑内空间宽、高约 2 米，长约 3 米，窑形呈筒子状，许多窑内石壁上凿有放灯的小龛及烟痕。

壁画中与老人依依相别的三位妇女和其他前来送别的亲友的形象和表情，表现了人们与临终老人告别时复杂的悲伤心理。这幅壁画反映了古代一种落后的风俗，与现在我们提倡的"尊老敬老"的养老观念大为不同，我们应该努力建设和谐社会，老年人"老有所养，老有所依"。

靓妆迎门、争妍卖笑

莫高窟晚唐第 9 窟北壁《维摩诘经变》中，绘维摩诘“入诸学堂，诱开童蒙”“入诸淫舍，示欲之过”“入诸酒肆，能力其志”“若至博弈戏处，辄以度人”等“通达方便”的内容，其中依据经文“入诸淫舍，示欲之过”绘有一妓院。

从画面中可以看到这个妓院的院落规模较大，分内外两院，院两侧布满厢房。院落错别有致，户牖交疏，棂轩栉比，回廊曲径，丛丛修竹。画面左侧是妓院的大门，门两侧各有一侍役。画面下侧有一后门，门半掩，一女子立于门边，有两名衣冠楚楚的男子刚从后门进入院内。另一处厢房处回廊有两个男子围桌而坐，两名女子在旁侧侍奉。内院又分前后院，前院一女子站于花丛中，后院有三个盛服靓妆的女子。此情此景正是靓妆迎门、争妍卖笑的春宫妓院风貌（图 96）。

莫高窟晚唐第 85 窟窟顶南披《法华经变》中绘有一淫舍。屋内四壁以图案屏风画装饰，床上一对男女紧挨着盘腿而坐，正含情脉脉互相对视。画面旁侧有榜题：“若有众生多于淫欲，常念恭敬观世音菩萨便得离欲。”（图 97）

图 96　晚唐第 9 窟北壁　《维摩诘经变》妓院

图 97　晚唐第 85 窟窟顶南披　《法华经变》淫舍

莫高窟盛唐第 23 窟窟顶东披《法华经变》中也绘一淫舍。一对男女正促膝交谈，一腿下垂、一腿盘坐在装饰有屏风的床沿边，面对面相视传情（图 98）。

这些妓院、淫舍的画面是当时社会风气的真实反映。

另外，莫高窟晚唐第 107 窟中描绘有一对“舍贱从良”的母女俩。该窟内东壁所绘的喜和母女供养画像，画面中喜和母女一前一后，都头梳高髻，额前插有一梳，上身穿红色宽袖缬染彩衣，下身穿白色长裙，露出红色方头履；前者捧盒，后者捧包袱。值得注意的是，其身体形态不像一般的供养人均面向前方，而是后者向前侧看，前者向后侧望，似乎前者回头对后者说什么事情，也有点像匆忙赶路的样子。画面上有题记云："愿舍贱从良，及女喜和一心供养。"（图 99）有学者据此认为喜和母女是"妓女"，但有学者根据敦煌文献中大量的"放良"文书分析，认为喜和母女可能属于被"放良"的奴婢。

图 98　盛唐第 23 窟窟顶东披　《法华经变》淫舍

图 99　晚唐第 107 窟东壁　喜和母女供养像

同床异梦的女人

榆林窟第 23 窟西壁绘有几幅与男女关系有关的画面，其中一幅是“同床异梦”。

这幅画面中，绘一间砖瓦房的门两侧各有一扇大窗，窗内分别有一男一女正在熟睡。门右侧窗户内的一对男女头部相靠而眠，但门左侧窗户内的男子头部在枕头上，女子头部则以男子胸部为枕。

门左侧窗内的男女头顶各有一缕云烟飘出，飘到屋外阶下，分别化出一对男女。两缕云烟中的男子都用右手抚摸女子的下颌，用左手抚扶女子的后背；两个女子都头梳高髻，前面女子的左手朝后扬，后面女子的左手举在胸前。两对男女都迈开大步急急匆匆往外走（图 100）。

显然，从门左侧窗户飘出的云烟表示这一男一女虽然睡在同一张床上，但却做着不同的梦，分别在梦境里想象着自己如何与其他的男人或女人私奔偷情寻欢。

门右侧窗户内一对熟睡的男女，没有出现异相。这是画家使用对比的手法，清晰地衬托出门左侧窗内那对男女的同床异梦。

在榆林窟第 23 窟西壁“同床异梦”画面的上方，还有一幅“偷看

图 100　榆林窟第 23 窟西壁清代绘　同床异梦

女人洗澡”的画面。

画面中，绘一扇窗，窗内有一个头梳高髻、赤裸上身的女人，正坐在一个热气腾腾的大木盆里洗澡。外侧，一个身穿红色襕衫的男人正蹑手蹑脚推开一扇门，目不转睛地偷看里面正在洗澡的女人（图 101）。

这幅画面与“同床异梦”的画面，从不同角度反映了男女情欲及其复杂的心理行为，也是人们现实生活的一种真实反映。

图 101　榆林窟第 23 窟西壁清代绘　偷看女人洗澡

雍容华贵的凉国夫人

榆林窟第 19 窟是五代时期的代表窟之一，是归义军节度使曹元忠的功德窟。主室甬道南壁第一身供养人便是曹元忠的画像，像高 1.73 米，几乎与真人相等。其榜题书写“推诚奉国保赛功臣敕归义军节度特进检校太师兼中书令谯郡开国公曹元忠一心供养”。身后画有一身小的男像，书写“男将仕郎延禄”，这是曹元忠的儿子曹延禄的画像。曹元忠是曹议金的三儿子，他的兄长曹元德大约在 940 年去世，元德去世后，元忠为归义军节度留后，从 944 年到 974 年一直担任归义军的节度使。与曹元忠画像相对称的甬道北壁第一身女供养人画像便是凉国夫人翟氏的画像，像高 1.75 米，旁侧的题记书写“敕受凉国夫人浔阳郡翟氏一心供养”，身后有一身小的女像，榜题书写“长女小娘子延鼐一心供养”，这是曹元忠的大女儿曹延鼐的画像。

凉国夫人身穿大袖襦裙，外披帔帛，额贴花钿，两鬓抱面，头戴桃形凤冠，两边有凤鸟口衔珠串的步摇。凤冠色已变黑，但仍不失其豪华与气派。身后小女的装扮与母亲相同（图 102）。

襦裙是汉晋以来贵族妇女的传统礼服，由襦和裙两部分组成。帔

图 102　榆林窟五代第 19 窟主室甬道北壁　凉国夫人及长女延鼐供养像

帛是古代妇女服饰的一种，敦煌的隋代壁画中已经出现了帔帛，到了唐代，妇女凡着衫裙者皆服帔帛。这种帔帛可能是从国外传来的，古代波斯妇女就有“妇女服大衫披大帔”的习俗。凤冠是我国古代贵族妇女的头冠，因其在头冠上装饰有凤形而得名，按照礼制只有皇后或者公主才能佩戴，普通百姓一概不得使用，但是有些朝代允许妇女在出嫁婚礼上佩戴。步摇也是我国古代妇女插在头发上的一种装饰，上面镶嵌着五彩珠玉，行则动摇，故名步摇。花钿是贴在眉间或脸上的妆饰，据宋代高承《事物纪原》引《杂五行书》说，南朝“宋武帝女寿阳公主，人日卧于含章殿檐下，梅花落额上，成五出花，拂之不去，经三日洗之乃落，宫女奇其异，竞效之”，故称之为“梅花妆”或“寿阳妆”。古时候做花钿的材料十分丰富，有用金箔剪裁成的，还有用纸、鱼鳞、茶油花饼做成的，甚至蜻蜓翅膀也能用来做花钿！花钿的颜色有红、绿、黄等。形状除梅花状外，还有形似小鸟、小鱼、小鸭等的图案。

归义军政权的国母：回鹘天公主

在敦煌莫高窟的多处洞窟中，都绘有一位回鹘公主的供养人画像。这位公主就是归义军节度使曹议金的妻子李氏，即甘州回鹘可汗天睦的女儿。

回鹘公主之所以姓李，是当时回鹘与唐朝一直保持甥舅关系，得到唐朝赐姓，故这位公主自称陇西李氏。回鹘人称可汗的妻子为“天公主”，天睦可汗的女儿嫁到敦煌之后，保持以前的风俗习惯，也被尊称为“天公主”。

10 世纪，中国进入动荡时期，中原北方像走马灯一样，在半个世纪内更换了五个朝代、八家十四个皇帝，环绕五代疆域还有十多个分裂割据的政权。而西北地区虽有过暂时的隔膜和冲突，但以归义军为中心的各民族政权，不但能和睦相处，而且都是心向中原。

西北地区的安宁局面，应该归功于曹议金的和亲政策。为了和周边民族保持持久的友好交往，曹议金不仅自己做了甘州回鹘的女婿，并且还将一女嫁与甘州可汗为妻，一女嫁与于阗国王李圣天为妻。

特别重要的是，回鹘天公主李氏还被尊为归义军政权的“国母”（图103）。

今天，当我们走进莫高窟五代时期的洞窟中时，就更能体会曹议

图 103　五代第 98 窟东壁北侧　回鹘天公主供养像

金和亲政策的良苦用心，同时也能看到各民族中的女性为此所做出的牺牲和努力。

五代第 61 窟是曹议金之子曹元忠的功德窟，该窟东壁门南所绘的女供养人，是曹元忠的母亲和姐姐等人，画像顺序的排列，则体现了曹氏东结回鹘、西联于阗的根本政策（图 104）。

如东壁南侧的女供养人，第一身着回鹘装，榜题是“故母北方大回鹘国圣天的子敕授秦国天公主陇西李……”，这是曹议金的夫人。第二身也着回鹘装，榜题称“姊甘州圣天可汗天公主一心供养”，这是曹元忠的姐姐，嫁给甘州回鹘可汗为夫人。第三身头戴凤冠，饰步摇，

图 104　五代第 61 窟东壁门南　女供养人

图 105　五代第 98 窟东壁门南　于阗国王皇后曹氏供养像

着汉式大袖襦，榜题称“姊大朝大于阗国大政大明天册全封至孝皇帝天皇后一心供养”，这也是曹元忠的姐姐，嫁给于阗国王李圣天为皇后。第四身也着汉式大袖襦，榜题称“故慈母敕授广平郡君太夫人宋氏一心供养”，这是曹元忠的生母广平宋氏。

这四位女供养人的排列，很能反映曹氏的外交政策。如果不是出于政治的需要，按常理而论，广平宋氏应排在第一位。因为宋氏是曹议金的原配夫人，又是窟主曹元忠的生母，对“甘州圣天可汗天公主”和于阗皇后来说，广平宋氏即使不是亲生母亲，也是母亲一辈的长者。可是，她却被排在第四位，站在女儿辈之后。这说明此时曹家在对待回鹘、于阗的关系上，采取的是联姻、尊敬、礼让的态度。

又如五代第98窟东壁门南侧所绘的于阗国王李圣天像，高2.60米，高鼻大眼，留蝌蚪式八字胡，头戴汉式冕旒，上饰北斗七星，身穿衮龙袍，其服饰与中原帝王相同。于阗国王身后的皇后，即曹议金之女，头饰凤冠，穿回汉混合装。榜题分别为“大朝大宝于阗国大圣大明天子……即是窟主”“大朝大于阗国大政大明天册全封至孝皇帝天皇后曹氏一心供养”。这些榜题中首先以“大朝”冠之，可见于阗国王与皇后时时都牢记自己管辖的地方政权是中央朝廷统治下的一部分。所穿戴的龙袍、凤冠等服饰也是其心向中原的表露，由此可见，于阗国与曹氏归义军政权以及和中原政权之间的关系，同时也可以看到女性在和亲联姻政策中所起到的重要作用（图105）。